Diese Anthologie versammelt Gedichte und Geschichten von Frauen über die Liebe, Texte sehr unterschiedlicher Art, die in jüngerer Zeit entstanden sind. Es sind Liebesgedichte und Liebesgeschichten im »eigentlichen Sinne«, die von der Sehnsucht, von Träumen und Illusionen, vom Begehren oder Begehrtwerden, vom Glücklich- oder Traurigsein erzählen und das uralte und immer wieder neue Thema mit vielerlei Variationen durchspielen. Doch daneben stehen Texte, in denen die Liebe, »die Himmelsmacht«, mit ironischer Distanz und Skepsis behandelt wird. Texte, geschrieben in einer Zeit, in der Beziehungen immer brüchiger zu werden scheinen, in der Frauen aber auch ein neues Selbstbewußtsein, eine neue Unabhängigkeit entwickelt haben.
»Und wenn ich dich liebe, was geht's dich an?«: Das Spektrum der Empfindungen, die dieser Satz ausdrückt, spiegeln die Gedichte und Geschichten wider.

Helga Häsing-Levend, geboren 1944, Studium der Pädagogik, freie Journalistin und Autorin. Sie lebt in Heidelberg.
Ingeborg Mues, geboren 1938, Studium der Germanistik, Romanistik und Philosophie, Verlagslektorin. Sie lebt in Frankfurt/M.
Gemeinsam gaben sie in der Reihe »Die Frau in der Gesellschaft« des Fischer Taschenbuch Verlages die beiden literarischen Textsammlungen heraus: »Du gehst fort, und ich bleib da. Gedichte und Geschichten von Abschied und Trennung« (Band 4722), »Vater und ich« (Band 11080).

Und wenn ich dich liebe, was geht's dich an?

Gedichte und Geschichten

Herausgegeben von
Helga Häsing und Ingeborg Mues

Fischer Taschenbuch Verlag

Die Frau in der Gesellschaft
Herausgegeben von Ingeborg Mues

Originalausgabe
Veröffentlicht im Fischer Taschenbuch Verlag GmbH,
Frankfurt am Main, Januar 1995

Gesamtherstellung: Clausen & Bosse, Leck
Printed in Germany
ISBN 3-596-11612-0

Gedruckt auf chlor- und säurefreiem Papier

Inhalt

Vorbemerkung

Eine Anthologie mit Liebesgeschichten und Liebesgedichten? Gibt es davon nicht schon zu viele? Vielleicht. Doch seien wir ehrlich: Sind wir nicht immer wieder begierig zu erfahren, wie es anderen mit ihrer Liebe ergeht? Romeo und Julia zum Beispiel. Beflügelt die Geschichte dieses klassisch gewordenen Liebespaares aus Verona unsere Phantasie nicht bis heute? Was wäre aus ihrer Liebe geworden, wenn diese beiden jungen Menschen nicht durch einen tragischen Irrtum so früh hätten sterben müssen? Hätte ihre Liebe der Wirklichkeit standgehalten?

Die in der Kunst so oft beschworene »Himmelsmacht« Liebe ist, wie wir nur zu gut wissen, durch und durch irdisch und deshalb auch wie alles Irdische wechselhaft, unbeständig, veränderlich. Intimität und Alltag, sie können uns nur allzu rasch an die Grenzen unseres Traums von der Liebe versetzen. Nach Sternen wollten wir greifen, glaubten auch, die Kraft dazu zu haben, und plötzlich greifen wir ins Leere. Im Spiegel des anderen wollten wir unsere Sehnsucht nach Liebe erwidert finden. In den Himmel wollten wir fliegen. Gelandet sind wir unsanft bei uns selbst. Doch – an einer enttäuschten Liebe müssen wir nicht zerbrechen. Wir können sogar gestärkt aus ihr hervorgehen, wenn wir erkennen, daß wir uns im wahrsten Sinne des Wortes getäuscht haben, in uns selbst oder in dem anderen. Wir haben vielleicht nur geliebt, wovon wir träumten.

Die Gedichte und Geschichten dieser Sammlung erzählen von der Liebe, von glücklichen und schmerzlichen Erfahrungen mit ihr, von Sehnsucht und von Träumen, von Enttäuschung und auch von berechtigter Wut. Entstanden sind sie in jüngerer Zeit, in einer Zeit also, in der Beziehungen immer brüchiger zu werden scheinen, in der Frauen aber auch zu einem neuen Selbstbewußtsein gefunden haben, unabhängig geworden sind. Die Texte beschreiben, wie Frauen heute der Liebe begegnen, wie sie sie erleben und erleiden, sie selbst zu gestalten versuchen oder voller Skepsis abwehren, wie sie ihr Wert beimessen oder sie als fragwürdig empfinden, sie ernst nehmen oder aus ironischer Distanz betrachten.

»Und wenn ich dich liebe, was geht's dich an?«: Dieser Satz, von Philine dem sie schulmeisternden Wilhelm Meister entgegengehalten, ist das Motto, unter dem dieser Band steht. Philine, die Wilhelm Meister rätselhaft, bedrohlich erscheint, die ihn irritiert in ihrer Unbedingtheit des Gefühls und deren Liebe von ihm abgewehrt wird, weist ihn mit diesem Satz selbstbewußt zurecht, mit einem Selbstbewußtsein, das dem jungen Mann befremdlich erschienen sein mag und das für jene Zeit geradezu revolutionär gewesen sein dürfte.

Revolutionär ist ein solches Selbstbewußtsein heute nicht mehr. Es mag erwachsen sein aus der Erfahrung der Austauschbarkeit, der Vergänglichkeit von Gefühlen. Ebenso aus der Erkenntnis, daß Selbstwertgefühl und frei sein zu können zum Lieben eher gehören, als Ansprüche aneinander zu stellen oder abhängig voneinander zu sein.

»Und wenn ich dich liebe, was geht's dich an?«: Ein Satz wie dieser ist vieldeutig und auf die unterschiedlichste Weise interpretierbar. Er kann die Abgrenzung vom anderen meinen oder auch die Utopie einer Liebe ohne Erwartungen. Doch ebenso kann er das Beharren auf dem Recht zu lieben meinen, auch wenn die Liebe einseitig bleibt oder nicht in gleicher Intensität erwidert wird. Und schließlich kann er auch bedeuten, daß das Wagnis der Liebe, das Risiko nur von der einen, nicht von dem anderen getragen wird.

»Und wenn ich dich liebe, was geht's dich an?«: Das Spektrum der Empfindungen, die dieser Satz ausdrückt, spiegeln die Texte dieses Bandes wider. Eine farbige Palette von Gedichten und Geschichten, von unterschiedlichen Annäherungen an das alte, immer wieder neue Thema Liebe.

Ingeborg Mues *Helga Häsing-Levend*

Katja Behrens

Liebe

Ich wollte das nicht. Ich begreife nicht, wie es so weit kommen konnte. Es war nur ein Blick. Es fing damit an, daß er mich ansah, nicht flüchtig und auch nicht neugierig. Er sah mich an, wie mich seit Jahren kein Mann mehr angesehen hatte. Ich hatte die Fenster offengelassen, und er war einfach eingestiegen.
Ich war aufgewacht, im dunklen Zimmer, aus einem Traum heraus, dachte, in meinem Traum ist etwas herumgetappt, aber ich hörte immer noch eine leise Bewegung im Haus, wollte nicht glauben, daß da jemand ist, nach all den Jahren, in denen nie etwas war, wollte weiterschlafen und stand doch auf, ohne Licht zu machen, ging barfuß die Treppe hinunter.
Unten im Flur tastete ich nach dem Lichtschalter. Auf einmal war es hell, und in der Wohnzimmertür stand ein Mann, stand da und blinzelte ins Licht. Ich wollte schreien. Da sah ich, daß er sehr jung war, und hatte keine Angst mehr, ging auf ihn zu, redete, ich weiß nicht mehr, was, irgend etwas. Er rührte sich nicht und sagte nichts, schaute mich mißtrauisch an, und als ich vor ihm stand, packte er mich hart am Arm. Sein Mund zuckte, und ich wußte, eine falsche Bewegung, und er schlägt zu, aber sein Blick hatte nichts Gewalttätiges, eher etwas Fragendes. Und etwas Erstauntes.
– Ich koche Tee, sagte ich, und er ließ los und steckte die Hand in die Hosentasche, und ich drehte mich um, spürte meinen Rücken, den Nacken, den Hinterkopf, wenn er ein Messer, wenn er in den Rücken hinein. Ich ging zur Küche, sah mich, wie er mich von hinten sah, im Nachthemd, barfuß, mit plattgedrückten Haaren. Er folgte zögernd und blieb dann stehen, mitten im Raum.
– Setzen Sie sich, sagte ich, während ich den Küchenschrank öffnete und die Teedose herausholte und Tassen bereitstellte, und noch einmal – Setzen Sie sich, weil er sich nicht rührte. Ich zog einen der immer leeren Stühle vom Tisch weg, sah aus den Augen-

winkeln, wie er sich mürrisch, verlegen auf die Stuhlkante setzte, und hantierte belustigt in der Küche, als plötzlich das Geschirr vom Tisch flog und in der nächtlichen Stille auf dem Boden zerschellte. Ich bückte mich und sammelte die Scherben auf, eine nach der anderen, und versuchte, mich an die Nummer des Überfallkommandos zu erinnern, und dachte, die spitzen Scherben in der Hand und einen Henkel am kleinen Finger, ich sollte fortlaufen, aus dem Haus, zu den Nachbarn, trug die Scherben zum Mülleimer, ohne ihn anzuschauen, und stellte zwei neue Tassen auf den Tisch und sagte: Bitte, ich habe nicht so viel Geschirr, und goß das kochende Wasser über den Tee, während er mit vor der Brust verschränkten Armen zusah.
Wenn ich auch den Augenblick nicht wiederfinde, wo ich nicht mehr zurückkonnte, so weiß ich doch genau, wann ich seine Stimme zum ersten Mal hörte und was er sagte. Er sagte, er sagte es sachlich: Glauben Sie nur ja nicht, Sie können die Polizei rufen. Und ich hatte mich so weit erholt, daß ich erstaunt fragen konnte: Warum sollte ich die Polizei rufen?
Bis dahin ist mir alles klar. Ein Dieb war in mein Haus eingedrungen, er war jung, und ich hielt ihn mit der Gelassenheit meines Alters in Schach. Plötzlich war es so still in der Küche, daß das leise Rauschen der Autobahn von fern her zu hören war. Beide sahen wir schweigend in unsere Tassen hinein. Ich spürte noch den Druck seiner Hand auf meinem Arm, das ungekämmte Haar, das unansehnliche Nachthemd machten mich verlegen, die Sicherheit verging mir, ich wagte nicht mehr aufzublicken, ihn anzusehen, spürte, wie mein Mund trocken wurde, und sah dann doch auf, direkt in seine Augen, die mich anschauten, als sähe er mich jetzt zum ersten Mal, mit einer Zärtlichkeit, deren ich mich nicht erwehren konnte. Ich vergaß, wie er gekommen war, sein Hemd stand offen, und draußen wurde es hell, der erste Vogel fing an zu singen.
Als er mich fragte, ob ich allein lebe, hätte ich sagen sollen, nein, oben schläft mein Mann, und ich wäre in Sicherheit gewesen. Er hätte seinen Tee ausgetrunken und wäre gegangen. Ich hätte die Haustür für ihn aufgeschlossen und mich von ihm verabschiedet wie von irgendeinem Besucher, und dann hätte ich den Schlüssel

zweimal herumgedreht und die Fenster im Wohnzimmer geschlossen, und vielleicht hätte ich sogar die Polizei angerufen. Aber ich nickte, ohne ihn anzusehen, wußte, daß ich jetzt aufstehen und ins Bad gehen konnte, um mir die Haare zu kämmen, dachte in den Spiegel hinein, du bist verrückt, hättest du, warum hast du nicht, hatte es eilig, wieder in die Küche zu kommen. Du mußt ihm jetzt sagen, daß er gehen soll.

Als ich zurückkam, war er aufgestanden, hatte die Arme wieder vor der Brust verschränkt, und ich dachte, du brauchst es ihm gar nicht zu sagen, wagte nicht zu fragen, ob er noch Tee wolle, die Nachbarn würden bald aufstehen, es war gut, wenn er jetzt, solange ihn niemand. Aber er ging nicht, schaute aus dem Fenster in den dämmernden Morgen hinaus, drehte sich dann zu mir um, und ich vergaß die Nachbarn und ließ zu, daß er mich an sich zog, spürte seinen jugendlichen Körper, mitten in der Küche, mitten zwischen den weißen Küchenmöbeln war ich einen Augenblick lang klein und geborgen. Aber dann sah ich zu ihm auf ins Licht der Küchenlampe, und die Falten in meinem Gesicht fielen mir ein, während er mich küßte mit Lippen, die behutsam waren wie ein Tiermaul. Ich weiß noch, daß ich glaubte, er würde gehen, als er unvermittelt, fast grob, losließ, aber er ging nicht, sah auf einmal hilflos aus, daß ich ihm übers Haar strich, die schwarzen Haare aus der Stirn, mich wieder hinsetzte, Tee einschenkte, in der Verwirrung.

An den schrecklichen Nachmittag, als er gegangen war, mit einer kurzen Umarmung in der offenen Haustür, erinnere ich mich genau. Ich hatte geglaubt, ruhiger geworden zu sein in den letzten Jahren, war mir meiner so sicher gewesen. Aber schon als ich die Küche aufräumte, spürte ich die ersten Anzeichen. Das Haus war leer wie lange nicht mehr. Ich setzte mich an den Tisch und rauchte, eine Zigarette und noch eine, alles stand reglos. Es regnete. Nur diese rinnenden Tropfen an den Fensterscheiben, der Himmel grau, der Garten trostlos. Ich verkroch mich ins Bett und versuchte zu schlafen. Warum hast du, könnte dein Sohn, mein Sohn könnte das sein. Seine Hände, so schmal und kräftig. Ich stand auf und zog das Bett ab. Der Geruch blieb. Und die Scham.

Nicht mehr dran denken, kann es vergessen, nicht ans Telefon, ihn nie wiedersehen. Und als ich es in den folgenden Tagen tatsächlich über mich brachte, das Telefon klingeln zu lassen, dachte ich, du hast doch gelernt. Bloß hatte ich zu nichts Lust, trieb mich in der Wohnung herum, hockte am Küchentisch und rauchte, lag im Bett und rauchte, und manchmal erinnerte ich mich, wie er den Arm ausgestreckt hatte, damit ich mich in die Armbeuge legen konnte, der beißende Geruch seiner warmen, schweißfeuchten Schulter.

Wäre ich doch nicht schwach geworden. Aber das Haus war zum Verrücktwerden leer. Wenn ich eine Platte auflegte, machte die Musik mich nervös, und wenn ich sie abstellte, machte die Stille mich noch nervöser. Es regnete, es regnete tagelang, und der Himmel war trüb, wie ich in meiner Vernunft. Dann gab ich auf, ich weiß nicht mehr wann, irgendwann ging ich ans Telefon.
Ich hörte kaum, was er sagte, horchte nur auf die Stimme, und es war, als läge ich neben ihm, mit geschlossenen Augen, satt und schwer. Ich antwortete, ohne zu wissen, was, und kam erst wieder zu mir, als ich den Hörer aufgelegt und die Einladung angenommen hatte. Und sofort dachte ich, natürlich gehst du nicht hin, auf keinen Fall gehst du. Jeder würde sehen, daß wir nicht Mutter und Sohn. Nicht mehr daran denken. Leben wie zuvor. Und ich ging zur Nachbarin hinüber, eine Lüge bereit, sollte sie mich nach dem jungen Mann fragen, der neulich das Haus verlassen hatte. Nur ein paar Worte, bloß nicht rechtfertigen, und alles beim alten, diese beschämende Geschichte wie nie gewesen.
Ich erinnere mich nicht mehr, warum ich hinging. Ich weiß nur noch, daß ich in der Nacht zuvor, kurz vor dem Einschlafen, einen Augenblick lang den schweren Duft seines verschlafenen Körpers gerochen hatte, am Morgen aber ernüchtert und vollkommen vernünftig aufgewacht war. Wahrscheinlich wurde ich übermütig, weil ich mich so sicher fühlte, und vielleicht dachte ich auch, du kannst den Jungen nicht einfach sitzenlassen. Auf jeden Fall erwischte ich mich dabei, wie ich mich umzog, obwohl ich mich gar nicht entschlossen hatte hinzugehen. Ich weiß noch ganz genau, wie ich im Auto saß, verstimmt, weil ich zu früh war,

mich fragte, was tust du hier, mit dem Gedanken spielte, wieder nach Hause zu fahren.
Er sah ganz anders aus, als ich ihn in Erinnerung hatte. Noch jünger, bloß schön, zu schön, zu lässig. Ich ging auf seinen Tisch zu und fragte mich, wie ich diesen Abend jemals hinter mich bringen sollte, schämte mich, weil ich gekommen war.
Ich denke nicht gerne daran, wie ich ihn mit weit ausgestreckter Hand begrüßte und, kaum daß ich saß, anfing, in meiner Tasche nach den Zigaretten zu kramen. Er hielt mir sein Päckchen hin und sagte, ich weiß nicht mehr, was, weiß nur noch, daß ich erstaunt war, als er mich duzte, daß ich würdig auf meinem Stuhl saß, den Rauch ausblies und verwirrt war, als er mich fragte, was ich essen wolle. Ich starrte auf die Karte, am liebsten hätte ich gar nichts gegessen. Heute weiß ich, daß auch er verlegen war und deshalb redete, während ich ihn ansah und nicht zuhörte. Auf dem Tisch brannte eine Kerze, und ich beobachtete seine Hand, wie sie langsam unter das offene Hemd fuhr, über die Haut strich, zur Schulter hin, auf der Armkugel liegenblieb, dort, wo sie glatt und rund und fest ist, und als ich wieder zuhörte, saß eine alte Frau mit wirrem Haar stocksteif im Bett und kreischte Diebe Mörder, schrie noch, als er sich längst umgedreht hatte, geflüchtet war, zum Fenster hinaus, an der Regenrinne hinunter, über sich dieses gellende Diebe Mörder, und er war schnell, aber nicht zu schnell die Straße hinuntergegangen, hinter sich das allmählich leiser werdende Diebe Mörder. Und er aß und lachte, und ich lachte auch und dachte, mein Gott, hoffentlich hört keiner zu. Er sah mich ein wenig spöttisch an, und nach dem Essen entzündete er zwei Zigaretten, reichte mir eine herüber und berührte dabei ganz leicht meine Hand, und plötzlich grinsten wir beide, grinsten uns an, als hätten wir Kirschen gestohlen und säßen nun hinter einem Mäuerchen versteckt und spuckten die Kerne aus.

Ich erinnere mich daran, daß ich mir eine Zeitlang einredete, muß aufhören, machst dich lächerlich, muß aufhören, brauche einen Mann, einen Mann brauche ich und kein Kind. Wie töricht, mir einzubilden, ich sei entschlossen, fest entschlossen, diese Geschichte zu beenden, ein für allemal, sobald er wieder anruft. Er

rief nicht an. Zuerst wurde ich unruhig, dann wütend, schließlich hatte ich Sehnsucht und wartete und wartete und horchte auf das Telefon, das nicht klingeln wollte, und verfluchte ihn und schlief nicht mehr und dachte, vielleicht haben sie ihn schon, und erschrak, wenn ich Polizei auf der Straße sah. Einmal fuhr am Haus ein Polizeiwagen vorbei, in dem zwei junge Polizisten saßen, die mich unverschämt musterten. Da war ich sicher, daß sie ihn erwischt hatten, und wollte es nicht glauben, als er am Tag darauf vor der Tür stand, im Regen, lachend, mit einem tropfenden, duftenden Blumenstrauß.
Ich vergesse nicht, wie er mich in den Regen hinauszog. Die Tropfen fielen uns warm ins Gesicht, und er stellte mir die Bäume im Tannenwäldchen vor, in dem ich sonst immer alleine spazierenging, von Innstetten, sagte er, ein Herr mit Grundsätzen, sterbenslangweilig, und es tropfte von den Zweigen einer ehrwürdigen alten Tanne, der Duft nach Tannennadeln und der Boden weich, und als wir aus dem Wald herauskamen, hatte es aufgehört zu regnen. Die Sonne schien, vor uns das hügelige Land, Weiden, das Gras stand noch nicht hoch, noch frisch das Grün und darunter noch sichtbar die wollüstigen Rundungen der Erde. Wir kletterten über einen Weidezaun und stiegen einen Hügel hinauf, und oben spürte ich das rissige Holz eines Baumstammes im Rücken, an den Baum gepreßt, die kratzende Borke, seinen Körper, die Hände, ich dachte, dafür bist du zu alt. Wir glitten hinab in das feuchte Gras. Den Himmel sah ich, oben, der nicht mehr grau war. Ich sah in einen kleinen blauen See in den Wolken, und das Gras roch frisch und ein bißchen scharf.

Die Erinnerung kommt und geht. Manchmal, wenn ich an etwas ganz anderes denke, ist sie plötzlich da, und so sehr ich mich auch bemühe, sie abzuschütteln, es ist nichts zu machen. Dann wieder, wenn ich tagelang wie ein Stein bin und lieber den Schmerz ertrüge, entzieht sie sich, ich habe alles vergessen, bin wie eine vernagelte Tür. Wenn ich aber endlich in den Alltag zurückgefunden habe und nichts mehr wissen will, dann liegt dieser Junge auf einmal da und sagt: Ich will nicht funktionieren. Will mich nicht einspannen lassen. Will mich nicht gewöhnen.

Ich fühlte mich überlegen. Wenn alle so denken würden, wenn jeder? Und die Leute, die er bestiehlt, die sollen arbeiten? Habe ich mir damals wirklich eingebildet, ich sei geheilt? Doch, ja, ich dachte, jetzt oder nie, und versuchte, mich von ihm zu trennen. Ich wartete auch nicht, nicht in den ersten Tagen.
Das war eine Zeit, in der jeder mir sagte, ich sähe gut aus, und ich schaute nicht mehr resigniert in den Spiegel, sondern lachte mir zu, als sei etwas hinter der Zeit und meinem Entschluß zurückgeblieben. Und dann merkte ich, daß ich wartete. Ich merkte es daran, wie ich zum Telefon stürzte, wenn es klingelte, wie ich aufhorchte, wenn ein Wagen vor dem Haus parkte. Und als er nach einigen Wochen vor der Tür stand, war er da und das Haus wieder bewohnt. Ich lehnte mich an ihn, sah aus dem Fenster in den verwilderten, sonnenbeschienenen Garten hinaus.
War es dieser Augenblick? Von Zeit zu Zeit irre ich in meinem Gedächtnis umher und suche nach dem einen Augenblick. Sollte ich jemals vor Gericht stehen, werden sie ihn genau bestimmen können. Sobald Sie sich bereit erklärten, den Schmuck. Aber ich glaube nicht, daß es an dem Tag war, an dem er die Ketten und Armbänder brachte und wir uns zum ersten Mal stritten. Er hatte den Schmuck auf den Tisch gelegt und gefragt: Kannst du das eine Weile für mich aufheben? Es ging nicht darum, daß die Sachen gestohlen waren. Darüber war ich zu dieser Zeit schon hinaus. Sondern, daß ich dachte, er benutzt mich, mißbrauchen will er mich.
Schweigend kochte ich Tee. Schweigend rauchte er, deckte ich den Tisch, während er die Arme vor der Brust verschränkt hielt, die Zigarette im Mundwinkel, die Augen zusammengekniffen, um sie vor dem Rauch zu schützen. Ich betrachtete das Muster der Tischdecke, die weißen und blauen Blümchen, umrahmt von weißen und blauen Vierecken, und ein Teefleck, feucht neben seiner Tasse. Als ich aufblickte, sah er verschlossen aus.
– In meinem Keller gibt es ein Loch, sagte ich. Da können wir es verstecken. Und ich nahm eine der Ketten in die Hand und dachte, jetzt hängst du mit drin. Ein paar Tage lang war ich verstört. Aber das gab sich bald. Ich weiß auch genau, wann. Das war, als er mir half, die Reisetasche zu schließen. Ich kann es auch heute noch

nicht erklären, dieses Gefühl der Geborgenheit beim Anblick seines Armes. Ich weiß nur, daß ich mich mit dem Schmuck im Keller abfand, als ich ihn meine Tasche tragen sah.
Vielleicht war es während der Reise. Vielleicht schon am ersten Tag, als wir die Schuhe auszogen und über die Felsen kletterten. Er legte den Arm um meine Hüften, und wir wateten ins Wasser. Dann ließ er los, um zu schwimmen. Vielleicht war es der Augenblick, als er lachend aus dem Wasser auftauchte, sich die nassen Haare aus dem Gesicht strich, und das Meer roch nach Salz und Fisch. Oder es war die Nacht am Strand, als wir am Wasser saßen, die Wellen hörten, nur ein dünner Mond, und das immer gleiche Auf und Ab ohne Anfang und ohne Ende. Vielleicht war es aber auch ganz anders, und es erging mir wie dem Reisenden, der in ein Haus kommt, in dem nichts ihm vertraut ist, nicht sein Gastgeber, nicht das Bett, nicht der Geruch seines Zimmers. Und so wie der Reisende, ohne daß es ihm bewußt wird, sich jeden Tag ein bißchen mehr an das fremde Haus gewöhnt, so kann auch er mein Zuhause geworden sein, dieser heftige Mensch, der vor seinen Ängsten davonlief, ihnen entgegenlief, dieser Alltagshasser, der sich verbrauchte in den Sonntagen, die er sich schuf.

Ich war nicht dabei, als sie ihn erwischten. Er wollte nicht, daß ich mitkomme.
– Diesmal nicht. Es ist riskant. Das war das letzte, was er gesagt hat. Erst war ich gekränkt, dann war ich wütend, dann fing ich an, mir Sorgen zu machen, und dann war auf einmal das Mißtrauen da. Und wenn er gar nicht, wenn er ein Mädchen kennengelernt hat, ein junges Mädchen, und mit dem Mißtrauen kam die Angst, die Angst, ihn an dieses Mädchen zu verlieren, ein Mädchen mit festen Brüsten und einem noch jungen Körper, und schon fragte ich mich, wie sie hieß und wie lange er sie wohl kannte, schon war ich ganz sicher, daß er mich belogen hatte, sonst hätte er mich ja mitgenommen, und ich dachte nur noch an dieses Mädchen mit dem jungen Gesicht. Ich versuchte, mich damit zu trösten, daß sie vielleicht dumm und gewöhnlich war, und ich fühlte mich dennoch unterlegen, weil sie ohne Mißtrauen war, ohne Schwermut, dumm, aber unverbraucht, und ich konnte es ihm nicht einmal

übelnehmen, sie paßte besser zu ihm. Bis zum Morgen lag ich im Bett und wartete, und als es hell wurde und er immer noch nicht gekommen war, stand ich auf und zog mich an. Ich brauchte nicht in den Spiegel zu sehen, um zu wissen, daß ich mein altes Gesicht wiederhatte.

Ich wartete den ganzen Tag. Am Abend hielt ich es nicht mehr aus. Ich suchte in Cafés und Kneipen und Bars, und jedesmal, wenn ich eine Tür öffnete, die Hoffnung, hier wird er sein, und manchmal, wenn ich von ferne einen jungen Mann sah, dachte ich, das ist er. Ich schaute in alle Gesichter hinein und sah keines und dachte, vielleicht liegen sie noch im Bett.

Als ein Polizeiwagen langsam an mir vorbeifuhr, kehrte ich um, nach Hause. Noch im Mantel fing ich an zu trinken. Ich wartete und trank und wartete und horchte. Kurz bevor ich wach wurde, hatte ich einen Augenblick die wahnsinnige Hoffnung, er sei in der Nacht gekommen und liege jetzt neben mir. Ich hielt die Augen noch eine Weile geschlossen, fast glücklich, fast sicher, daß er da war und ich nur den Arm auszustrecken brauchte, um ihn zu berühren. Ich nahm mir vor, ihm keine Vorwürfe zu machen, und obwohl ich genau wußte, daß er nicht da lag, tastete ich das Bett ab.

Ich erinnere mich, daß ich die Zeitung aufschlug und den Satz las: *Er führte ein Leben, das uns allen ins Gesicht schlug*. Ich erinnere mich, daß ich aufstand und die Fenster aufmachte, weit auf.

Gioconda Belli

Spielregeln für Männer, die mich lieben wollen

1. Mich zu lieben, muß ein Mann
von meiner Haut den Vorhang wegziehen,
bis auf den Grund meiner Augen sehen
und erkennen, daß in mir nistet
die durchsichtige Schwalbe Zärtlichkeit.

2. Mich zu lieben, darf ein Mann
mich nicht wie eine Ware besitzen wollen,
mich nicht vorführen wie eine Jagdtrophäe;
er wird an meiner Seite stehen
mit der gleichen Liebe,
wie ich an der seinen.

3. Mich zu lieben, muß die Liebe
eines Mannes stark sein wie Ceibobäume,
so schützend und sicher
und klar wie ein Dezembermorgen.

4. Mich zu lieben, darf ein Mann
meinem Lächeln nicht mißtrauen,
mein volles Haar nicht fürchten,
er soll Trauer und Schweigen achten
und auf meinem Leib mit Liebkosungen spielen,
wie auf einer Gitarre, Melodien
und Freude aus der Tiefe meines Körpers locken.

5. Mich zu lieben, muß ein Mann
in mir das Bett für die Last seiner Sorgen sehen,
eine Freundin, mit der er seine Geheimnisse teilen kann,
einen See, in dem er treibt
ohne Angst, daß ein Anker von Verpflichtungen

ihn am Fliegen hindert, wenn er Lust hat, ein Vogel zu sein.

6. Mich zu lieben, muß ein Mann
Poesie aus seinem Leben machen,
jeden Tag neu gestalten
mit dem Blick in die Zukunft.

7. Mich zu lieben aber, muß ein Mann
vor allem mein Volk lieben,
nicht als abstrakten Begriff
aus dem Ärmel gezogen,
sondern als etwas Wirkliches, Greifbares,
dem er mit seinen Handlungen Ehre macht
und sein Leben gibt, wenn es notwendig ist.

8. Mich zu lieben, muß ein Mann
mein Gesicht im Schützengraben erkennen,
mich lieben mit dem Gewehr im Anschlag,
wenn wir beide gemeinsam
auf den Feind zielen.

9. Die Liebe meines Mannes
scheut nicht, sich hinzugeben,
noch fürchtet sie, auf einem belebten Platz
sich im Zauber des Verliebtseins zu entdecken.
Er kann laut rufen: Ich liebe dich,
oder Anschläge an die Häuser kleben,
die sein Recht auf das herrlichste
und menschlichste aller Gefühle proklamieren.

10. Die Liebe meines Mannes
flieht nicht vor Küchendunst
und nicht vor Kinderwindeln,
wie ein frischer Wind ist sie,
der in Wolken aus Traum und Zeit

die Hemmnisse davonträgt, die uns über Jahrhunderte trennten
wie verschiedenartige Wesen.

11. Die Liebe meines Mannes
will mich nicht festlegen, nicht einordnen,
sie gibt mir Luft, Nahrung, Raum,
zu wachsen und reicher zu werden,
so wie jeder neue Tag
eine Revolution
entfaltet.

Alles für die Liebe

So viel habe ich für dich getan,
ich muß aufpassen,
daß eine Aufzählung nicht nach Eigenlob klingt,
denn alles tat ich aus Liebe.

Und wenn du mir eines Tags
die Büchse der Pandora in die Hand gabst
und ich Blitze und Stürme entfesselte,
so ist es wahr, daß sie weh taten:
manches Mal haben sie mir an der Haut gezerrt,
ließen mich ängstlich auf meinen Herzschlag hören,
ob sein kleiner Soldatentritt noch vernehmbar sei.

Dennoch war es meine eigene, selbständige Entscheidung,
meine Verdammnis, meine Lust,
ich habe mich mehr als Frau gefühlt,
fähig zu Höhenflügen und Akrobatik,
zur Sturheit der Eselin;
auf unbekannte Wege trieben sie mich,
wo der ganz nahe Geruch des Glücks mich schwindlig machte.
Und ich habe dich hinter Gebärden und Türen gesucht,
bis in die Art hinein, deine Kleider abzulegen,
und erkannte dich
und habe alles in mir aufgemacht
wie einen Käfig voller Nachtigallen,
und wußte auf einmal, was es heißt,
eine blendende Sonne im Leib zu spüren.

Ich möchte mich also nicht täuschen mit Eigenlob,
für Sonne und Schatten bin ich allein verantwortlich,
doch ach, Geliebter, wie sehr quält es mich,

daß ich zwar in deinem Weltall
ein schweifender Stern bin,
grausam von dir in den Raum gehängt,
daß du mich aber nicht bewohnt hast,
mein Licht nicht besessen,
und dich kaum traust,
wie ein Blinder,
mich im Dunkeln zu betasten.

Wie eine Katze auf dem Rücken

Ich liebe dich wie eine Katze, die auf dem Rücken liegt,
den Bauch nach oben liebe ich dich.
Ich miaue unter deinem Blick,
diesem grausamen Liebeskäfig,
von Tatzenhieben erhitzt
wie eine Mondnacht,
wenn zwei Katzen ihre Liebe auf den Dächern austragen,
sich mit Kreischen und Schreien lieben,
mit Verwünschungen lieben, mit Tränen, Lachen
(von der Art, die den Körper freudig erzittern läßt).

Ich liebe dich wie eine Katze mit dem Bauch nach oben,
will nicht aufgeben,
nicht ablassen von diesem nächtlichen
Handgemenge ohne Worte,
von dieser Liebe, die mich schwindlig macht,
mit Pollen anfüllt, mit Fruchtbarkeit,
die mir tagsüber
prickelnd über den Rücken läuft.

Ich gehe nicht weg, will nicht gehn, dich nicht gehen lassen,
geduckt suche ich nach dir, schnurrend,
ich suche dich, wenn ich hinter dem Sofa auftauche,
auf dein Bett springe,
dir mit dem Schwanz über die Augen streiche,
ich suche dich, wenn ich mich auf dem Teppich strecke
und mir die Brille aufsetze, lese,
Kochbücher,
damit ich an mich halte und das Haus führen kann,
den Tisch decken, die Zimmer richten,
dich lieben ohne Unordnung und Staub,

dich organisiert lieben,
Ordnung in dies Durcheinander
aus Revolution und Arbeit und Liebe bringen,
gelegen und ungelegen,
nachts, bei Tagesanbruch, im Bad,
wenn wir lachen wie zahme Katzen,
wie alte Katzen
uns in der Sofaecke über das Gesicht lecken,
müde vom Zeitunglesen.

Ich liebe dich wie eine dankbare,
dicke und verwöhnte Katze,
ich liebe dich wie eine weinerliche,
dünne, gescheuchte Katze,
ich liebe dich wie eine Katze, mein Liebling,
wie die Katze Gioconda,
wie eine Frau
liebe ich dich.

Ditte Buchmann

Das unaussprechliche Wort

seit gestern
weiß ich
wir werden das wort nie aussprechen

Liebe

wir werden uns
keinen einzigen traum
gestatten
vor jeder umarmung
werden
wir
unsere flucht planen
unsere sehnsucht
ersticken wir sorgfältig
wir werden
in der einsamkeit
unseren sieg
betrauern

Was soll ich denn in Italien?

Sie hatte sich alles viel schlimmer vorgestellt. Doch der Anwalt stellte nur wenige Fragen. Eine Routinesache, mehr nicht. Erst in einer Woche würden sie sich wiedersehen.

Es blieb genügend Zeit, um die noch fehlenden Unterlagen für den Antrag herauszusuchen. Das Urteil von damals war leider nicht mehr auffindbar. Mit einem gleichgültigen Schulterzucken hatte die Gerichtsangestellte ihr diese Tatsache mitgeteilt. Viel wichtiger aber war der Haftentlassungsschein. Ein inzwischen leicht vergilbtes Blatt von der Größe einer Postkarte. All die Jahre hatte er zwischen Giacomos Briefen gelegen. Sie lächelte. Giacomos Briefe, fast jeder endete mit dem Satz: a metà strada, auf halbem Wege...

Sie war siebzehn, als sie Giacomo kennenlernte. Irgendwann im Januar war es. Auf den Straßen lag hoher Schnee. Nach dem Italienischunterricht fuhr sie zum Alexanderplatz. Dort gab es an jedem zweiten Dienstag im Monat die »Unità«. Das war die einzige italienische Zeitung, die man in Ostberlin kaufen konnte. Und oft war sie auch schon ausverkauft.

Ein kalter Wind fegte über den Platz. Vergeblich suchte sie nach ihren Handschuhen. Sie lief schneller.

Giacomo stand rechts neben dem Zeitungskiosk. Er fiel ihr sofort auf. Unter dem Arm hatte er eine »Unità«. Sie verlangte die Zeitung. Der Zeitungsverkäufer schüttelte den Kopf. »Ausverkauft! Die wenigen Exemplare sind schnell weg, Fräulein.«

Giacomo hatte das Gespräch mitangehört. »Möchten Sie vielleicht meine Zeitung nehmen? Ich kann mir nachher in Westberlin eine neue kaufen, nessun problema... Sprechen Sie Italienisch?«

Sie sah ihn erstaunt an und antwortete: »Un poco, ein bißchen, leider viel zu wenig...«

Und dann standen sie mitten auf dem Alexanderplatz, redeten deutsch und italienisch durcheinander und bemerkten kaum, daß

es zu schneien begann. Giacomo zeichnete etwas in den Schnee. Seine Straße in Palermo. Gleich an der Ecke lag die Pizzeria von Alfonso, Giacomos Bruder. Daneben wohnte Tante Caramella. Sie verkaufte tagsüber Fisch, aber ihre Schürzentaschen waren immer voller Bonbons, deshalb nannten sie die Kinder Tante Caramella. Gegenüber hatte Emilio sein Friseurgeschäft, wenn man dann links um die Ecke bog, kam man bald zum Hafen.
Giacomo summte eine Melodie und fragte lachend: »Nun, Signorina, wie heißt das Lied?« Sie kannte es nicht. Sie wußte aber plötzlich eine Antwort auf die ihr in den letzten Monaten immer wieder gestellte Frage: Warum lernst du Italienisch? Die Antwort hieß: Giacomo.
Und plötzlich war auch nichts mehr schlimm. Daß der Vater von zu Hause weggegangen war, lag auf einmal weit zurück. Die ständigen Vorwürfe der Mutter hörte sie kaum noch. Alles war gut, wenn Giacomo da war. Zuerst hatte die Mutter gegen Giacomos Besuche Einwände. Aber nicht lange. Giacomo hatte die Mutter mit einem großen Essen beeindruckt. Noch nie hatte ein Mann für sie gekocht. Pizza calzone gab es, Wein, Oliven, Couscous und frische Pfirsiche. Alles sei natürlich nur improvisiert, lange nicht wie in Palermo, bei seinem Bruder Alfonso, versicherte Giacomo lachend.
Ein Versprechen mußte sie der Mutter geben: das Abitur mit guten Noten abzuschließen. Das war kein Problem. Die Schule machte ihr viel mehr Spaß als früher. Sogar Herr Stein, der Mathematiklehrer, ein schnell aufbrausender Mann, konnte sie kaum noch verunsichern. Sie beobachtete gelassen seine Wutausbrüche und dachte: Niente confusione, bloß keine Aufregung. Nur in der letzten Stunde sah sie häufiger auf die Uhr und träumte von Giacomo.
Zur Verlobung im Mai war es sommerlich warm, die Mutter hatte ihr ein Kleid genäht, zartblau mit kleinen weißen Punkten. Giacomo fotografierte sie ununterbrochen und sagte zu allen Gästen: »Für Mamma, Padre, Alfonso, Tante Caramella, Gina, Emilio und Laura...«
Niemals wieder war sie so glücklich wie an diesem Tag. Giacomo war ihr Mann.

Zwei Wochen später bekam er die Einreiseerlaubnis für Ostberlin nicht. Er erfuhr keinen Grund. Auf ihre Briefe und Anfragen kam von den Behörden keine Antwort. Pazienza, Geduld, schrieb Giacomo, alles wird sich aufklären. Unsere Hochzeit wird keiner verhindern.
Bei ihr zu Hause gab es kein Telefon. Also fuhr sie Abend für Abend zu Freunden, um von dort mit Giacomo in Westberlin zu telefonieren. Er schrieb ihr Briefe, viele Briefe, manchmal brachte sie Giacomos Freund Paolo.
Dann begannen die Schulferien, fast alle Freunde verreisten. »Willst du nicht auch für ein paar Tage wegfahren?« fragte die Mutter. Sie schüttelte den Kopf. Ein Brief von Giacomo konnte kommen, oder vielleicht stand er doch ganz überraschend vor der Tür. Unerwartet kam statt dessen Paolo, diesmal ohne einen Brief. Giacomo war bereits seit drei Tagen in Palermo. Alfonso brauchte ihn dringend den Sommer über in seinem Restaurant.
Sie weinte. Immer seltener verließ sie die Wohnung. Beim Aufräumen fiel ihr der Zeitungsartikel in die Hand. Paolo hatte ihn einmal wortlos auf den Tisch gelegt. Mit einem Bleistift hatte er das Datum darunter geschrieben: 25. Juli 1967. Eine Familie aus Leipzig schrieb über ihre Flucht in den Westen. Zwei Ungarn hatten sie bis zur österreichischen Grenze geführt. Sie las die Sätze immer wieder. Nach einigen Tagen kannte sie den Text fast auswendig. Die Mutter erfuhr nur die halbe Wahrheit. Die halbe Wahrheit hieß Prag. In Prag würde sie mit Pavel und Jana sprechen. Zu ihnen hatte sie Vertrauen.
Eine Freundin besorgte die notwendige Einladung nach Ungarn. Das Visum erhielt sie schneller als erwartet.
Wenige Wochen später saß sie mit einer neuen Reisetasche im Zug. Von Wien aus wollte sie Giacomo anrufen. Er würde ihr das Geld für den Flug schicken. Gab es in Palermo überhaupt einen Flughafen? Egal, nun konnte sie keiner mehr festhalten.
In Prag kaufte sie eine große Tüte mit Weintrauben. Und sie kaufte eine Ansichtskarte für Giacomo. Der Himmel über der Moldau war darauf viel zu blau, so blau konnte er nur in Italien sein. »Lieber Giacomo, ich komme. Erwarte meinen Anruf. Ciao!« Als der Zug losfuhr, spürte sie Giacomos Hände auf ihrer Haut. »Deine

Hände sind neugierig«, hatte sie einmal zu ihm gesagt. Darauf hatte er geantwortet: »Sempre di nuovo, immer wieder...« Müde lehnte sie sich zurück. Im Halbschlaf träumte sie von Palermo. So oft hatte Giacomo von zu Hause erzählt, daß ihr die Stadt gar nicht fremd erschien.

Von Italien hatte sie schon geträumt, lange bevor sie Giacomo kannte. Von Palermo aus würden sie nach Rom fahren, zum Campo de'Fiori laufen. Oder vielleicht gingen sie doch zuerst zum Pantheon? Später würden sie sich Florenz ansehen und Neapel, Mailand und Venedig, natürlich, vor allem Venedig.

Drei Stationen vor der Grenze zu Österreich betraten zwei Uniformierte das Zugabteil. Der eine, ein dicker schwitzender Ungar, sprach gut deutsch. »Bitte, Ihre Genehmigung!« Sie gab ihm ihren Paß und die Einladung. »Nein! Ich will Ihre Aufenthaltsgenehmigung für das Grenzgebiet sehen.« Sie zuckte zusammen. Der Dicke riß die Abteiltür auf. »Los, folgen Sie uns mit Ihrem Gepäck!« An der nächsten Station mußte sie aussteigen. Die beiden Männer diskutierten laut miteinander. Sie schienen nicht einer Meinung zu sein. Aber sie verstand kein Wort. Der Dicke packte sie fest am Arm. »Los, dort rüber in die Baracke!«

Eine Beamtin untersuchte ihre Reisetasche und fand die Ansichtskarte an Giacomo. In der Eile hatte sie vergessen, die Karte in Prag einzustecken. Der Dicke grinste: »Bitte schön, der Beweis, ungesetzlicher Grenzübertritt...« Der andere Mann biß verlegen auf seinen Lippen herum und verließ wortlos den Raum.

Drei Stunden später wurde sie von zwei Männern in Zivil abgeholt. Sie fuhren mit ihr nach Budapest. Vergeblich versuchte sie, alles zu erklären. »Nix deutsch verstehen«, blieb die einzige Antwort. Erst nach Tagen teilte man ihr mit: »Wir sind gar nicht für Sie zuständig. Sie verbleiben hier nur bis zu Ihrer Rückführung in die DDR.«

Zusammen mit fünf anderen Festgenommenen wurde sie in einer kleinen Militärmaschine nach Berlin-Schönefeld geflogen. Sie war die einzige Frau. Die Männer bekamen vor dem Abflug Handschellen angelegt. In Berlin erwartete sie bereits ein grüner Barkas.

Trotz der Dunkelheit erkannte sie einige Straßen. Hinter den Fenstern flimmerten Fernsehbilder. Der Treptower Park, Ostbahnhof, Keibelstraße. Ein großes Gitter öffnete sich. Der Wagen bremste scharf. »Raus! Aussteigen! Bißchen Beeilung!«

Sie wurde in einen Raum geführt. Es gab kein Fenster. Eine Glühbirne hing von der Decke. Dann kamen zwei Beamtinnen in den Raum. Eine trug einen Karton in der Hand. »Räumen Sie die Reisetasche leer, und legen Sie alles auf den Tisch. Dann ziehen Sie Ihre Sachen aus!« Beide Frauen untersuchten jedes einzelne Stück. Sie befühlten das Innenfutter vom Rock, die Säume der Bluse. Sie falteten jedes Taschentuch auseinander.

Sie stand mit nackten Füßen auf dem Steinfußboden.

»Ihren Schmuck legen Sie dort in den Karton. Ja, auch den Ring. Alles.« Sie nahm die Kette ab. Den Verlobungsring bekam sie schwer vom Finger. Nachdem eine Beamtin mit dem Karton den Raum verlassen hatte, sagte die andere flüsternd: »Passen Sie auf! Später müssen Sie eine Aufstellung unterschreiben. Kontrollieren Sie genau, ob alles dabei ist.«

Dann wurde sie in die Zelle geführt. Eine Pritsche. Ein kleines Waschbecken. Weit oben ein winziges vergittertes Fenster. Sie lief vom Waschbecken zum Fenster, von der Tür bis zur Wand. Es war so still. Sie hörte nur ihren Atem. Sie wollte schreien, aber kein Ton kam über ihre Lippen. Sie zitterte. Mit der einen Hand versuchte sie die andere Hand festzuhalten. Es gelang nicht. Sie setzte sich auf die Pritsche. Irgendwann schlief sie ein.

Am nächsten Tag begannen die Vernehmungen. Zuerst wurde sie immer wieder zu anderen Befragern geführt. Später nur noch zu einem. Sie erfuhr nie seinen Namen. Er war für sie »der Verhörer«. Lange antwortete sie ihm ausschließlich mit einem Ja oder Nein.

Sie wunderte sich oft über seine gleichbleibende Ruhe und Freundlichkeit. Was wollte er von ihr? Einmal brachte er für sie Apfelkuchen mit, dann Schokolade und Obst. Sie rührte nichts davon an. Ein anderes Mal zog er ohne eine Erklärung ein Foto aus der Brieftasche. Sie erkannte darauf sofort den Verhörer. Neben ihm stand ein junges Mädchen. Er räusperte sich. »Meine Tochter. Im Oktober wäre sie auch achtzehn geworden. Genau wie Sie.« Langsam ging er zum Fenster. »Ein Unfall, im Frühjahr. Der Motorradfahrer war betrunken.« Er setzte sich neben sie. »Ich habe

Ihre Akte sehr genau gelesen. Sicher wird man die Verhandlung bis zu Ihrem achtzehnten Geburtstag hinausschieben, aber trotzdem wird es bei einer Bewährungsstrafe bleiben. Ganz bestimmt. Verlieren Sie nicht den Mut! Sie haben doch noch Ihr ganzes Leben vor sich...«

Am Verhandlungstag saß der Verhörer im Saal und lächelte ihr aufmunternd zu. Auf die Fragen der Richterin antwortete sie ruhig und ausführlich, so wie sie es mit dem Verhörer geübt hatte. Die Richterin war sehr jung. Nichts in ihrem Gesicht verriet eine Regung. Ihre Stimme war schrill, und oft unterbrach sie eine Aussage mitten im Satz. Bei der Urteilsverkündung überschlug sich ihre Stimme: »Wir haben in diesem Fall mit besonderer Härte zu reagieren, denn das Ansehen der DDR im sozialistischen Ausland wurde schwer geschädigt. Das Strafmaß von zwei Jahren und drei Monaten ist durchaus angemessen.« Mit gesenktem Kopf sah der Verhörer zu Boden.

Kurz vor Weihnachten brachte man sie in die Haftanstalt Hoheneck. Sie kam in eine Zelle mit zwanzig Frauen. Sie war die jüngste.

Über die Jahre in Hoheneck hat sie später kaum gesprochen. Sie wollte alles vergessen. Auch Giacomo, der an die Mutter geschrieben hatte, daß eine Trennung für alle das Beste wäre.

Ihr Abitur legte sie auch später nicht mehr ab. In einem Berliner Großbetrieb wurde sie nach einer Lehrzeit als Sachbearbeiterin eingestellt.

Mit einundzwanzig heiratete sie Frank. Fünf Jahre später wurde die Ehe geschieden.

Vor ihrem letzten Umzug wollte sie Giacomos Briefe verbrennen, aber dann legte sie alle doch wieder sorgfältig geordnet in die Umzugskiste.

Sie überlegte lange, ob sie den Antrag überhaupt stellen sollte. Haftentschädigung. Ein unrechtes Wort. Eine Frage des Anwalts überzeugte sie schließlich doch. »Warum wollen Sie auf Ihr Geld verzichten?« Einen kurzen Augenblick träumte sie von einer größeren Reise. Rom, Florenz, Venedig. Doch bereits wenig später dachte sie: Was soll ich denn in Italien?

Sabine Deitmer

Rat mal, sagt er, was ich für dich habe...

Fühl mal,
wie mein Herz klopft aus Liebe zu dir.
Riech mal,
wie die Blumen für dich duften.
Sieh mal,
wie glücklich wir sind.

Zeig mal, sagt er,
und nimmt ihr das Glück aus den Händen.
Laß mal, sagt er,
und übernimmt die Verwaltung ihres Lebens.
Gib mal, sagt er,
und steckt ihre Selbstsicherheit in die Westentasche.

Hör mal, sagt er, ich kenne dich ja gar nicht wieder.

Freundinnen

1.

»Hallo Süße. Laß dich kräftig knutschen, auch wenn's bloß durchs Telefon ist.«

»Lily. Endlich. Ich hab mir schon Sorgen gemacht.«

»Laß es, Süße. Das macht alt. Alt und häßlich.«

»Du hast Nerven. Als ich das letzte Mal bei dir war, hattest du den Kopf im Backofen und bist dann auf allen vieren zur Tür gekrochen.«

»Ja, und dann ist es noch ein richtig netter Abend geworden. Du und ich und die Flasche Cognac. Und der Mond genauso rund und voll wie wir. Das war doch schön. Wir beide im Dunkeln vor dem offenen Fenster. Wie wir mit feuchten Augen in den Nachthimmel geglotzt haben, findest du nicht?«

»Das war verdammt knapp, Lily, um ein Haar hätten wir die Nacht auf der Entgiftungsstation im Städtischen verbracht. Du wolltest dir das Leben nehmen, Mensch.«

»Sag nicht so harte Sachen, Eva. Da krieg ich ja 'ne Gänsehaut. Mir geht's super, Süße. Ehrlich. Supersonnensahnetoll, ich fliege.«

»Nicht schon wieder...«

»Eva, diesmal ist es ganz anders. Diesmal ist es die Sache fürs Leben. Das hab ich in den Haarspitzen. Er ist so süß. Jeden Morgen bringt er mir den Kaffee ans Bett.«

»Lily, Herbert hat jeden Tag für dich gekocht. Trotzdem hat er dich grün und blau geschlagen, wenn du mal allein ausgegangen bist.«

»Du bist zu hart, Süße. Er hatte auch seine guten Seiten.«

»Er hat dir zu zwei Wochen Krankenhaus verholfen und zu sechs Wochen Gips, wenn ich mich recht erinnere.«

»Denk positiv, Eva. Das ist besser für den Teint. Es gibt doch auch andere Männer...«

»Ach ja? Wo verstecken die sich bloß?«

»Das liegt an deiner Aura, Eva. Ehrlich. Arbeite an deiner Aura, und die nettesten Männer werden bei dir Schlange stehen.«

»Danke, mir ist schon schlecht. Ich laß dir gern den Vortritt.«

»Du müßtest Manni kennen. Dann würdest du nicht so reden.«

»Auch das noch. Manni. Was ist denn so toll an deinem Manni? Hat der 'nen goldenen Schwanz? Einen, der immer steht, mit Sonnenbatterie?«

»Sei nicht so ordinär, Eva. Es geht nicht um Sex, es geht um Liebe.«

»Das ist das Schlimmste.«

»Bei Manni fühle ich mich geborgen. Das ist der Mann, auf den ich mein ganzes Leben gewartet habe.«

»Seit wann kennst du ihn?«

»Vorletztes Wochenende habe ich ihn kennengelernt. Und es hat gleich gefunkt. Rambam. Wir wußten beide sofort: Das ist es. Er stand vor mir in der Schlange im Supermarkt und hatte so tolle Sachen eingekauft. Und er stand da, vor ihm das ganze Band voll mit Weinflaschen und Obst und Gemüse und er ganz verloren davor und schüchtern, suchte überall nach seinem Portemonnaie. Stell dir vor, und dann hat er mich angesprochen.«

»Laß mich mal raten, was er gesagt hat. Können Sie mir äh vielleicht äh ein bißchen äh behilflich sein?«

»Manni stottert nicht. Er spricht sanft und leise, und er hat die tollsten blauen Augen, die ich je gesehen habe. Und er hat mich gefragt, ob ich ihm vielleicht aushelfen kann. Klar, konnte ich. So hat es angefangen.«

»Hast du das Geld von ihm zurückgekriegt?«

»Die paar Mark. Manchmal bist du richtig kleinkariert, Süße.«

»Wer zahlt, wenn ihr zusammen ausgeht?«

»Also, momentan ist er nicht so liquide. Er hat alles in ein Geschäft mit einem Kumpel investiert, die totale Marktlücke.«

»Hast du ihm Geld geliehen?«

»Das mußte ich ihm regelrecht aufdrängen. Erst wollte er es gar nicht haben. Wenn es richtig läuft, hauen wir ab nach Ibiza. Nur noch Sonne und Meer und Palmen. Da kannst du uns dann besuchen. Wenn du schön brav bist und nicht weiter so dumm über ihn herziehst.«

»Lily, wie kommt es, daß du dich gerade heute abend bei mir meldest. Das erste Mal seit drei Wochen?«

»Sehnsucht, Süße. Nichts als Sehnsucht nach deiner Reibeisenstimme. Schwer verständlich, aber wahr.«

»Bist du sicher, daß du nicht gerade auf ihn wartest und dir die Zeit lang geworden ist?«

»Merkst du eigentlich, wie du dir das Leben schwermachst? Du siehst alles immer so negativ.«

»Wann hast du ihm das Geld gegeben?«

»Gestern. Warum willst du das wissen?«

»Wieviel?«

»Nur das, was ich entbehren konnte, wirklich.«

»Wieviel?«

»Fünfundzwanzigtausend.«

»Soviel hast du doch gar nicht.«

»Ich bin vertrauenswürdig, habe eine feste Stelle…«

»Du hast doch nicht etwa einen Kredit aufgenommen?«

»Reg dich nicht auf. Es ist mein erster. Das wurde doch mal Zeit. Ich kenn kaum noch jemanden, der keinen hat.«

»Hast du ihn noch mal gesehen, nachdem er das Geld gekriegt hat?«

»Hör mal, Eva. Was soll das? Langsam reicht mir dein ewiges Genöle. Er muß jeden Moment reinkommen. Wir sind für Punkt sechs verabredet.«

»Lily, jetzt ist es halb sieben. Ist er immer so pünktlich?«

»Er ist noch nie auch nur eine Minute später als verabredet gekommen. Ihm ist bestimmt was Dringendes dazwischengekommen. Es muß jeden Moment klingeln.«

»Den siehst du nie wieder, Lily. Der ist auf und davon mit deiner Knete.«

»Das ist nicht wahr. Das würde er nie tun. Du kennst Manni eben nicht. Du siehst immer alles so schwarz.«

»Lily, es gibt jede Menge Schweine, die davon leben, arglosen Mädels wie dir das Fell über die Ohren zu ziehen.«

»Nimm das sofort zurück. Manni ist kein Schwein.«

»Okay, ist ja schon gut. In 'ner halben Stunde bin ich bei dir, und wehe, du machst die Tür nicht auf. Ich schwör dir, ich prügel dich windelweich. Herberts Hiebe sind nichts gegen die Schläge einer rasenden Freundin.«

»Komm ruhig, dann siehst du ihn ja selbst, und wir können zusammen anstoßen. Und morgen darfst du dich dann bei mir entschuldigen für den ganzen Quatsch, den du ihm angedichtet hast.«

»Lily, du Schaf. Der ist abgehauen mit deinem Geld. Den siehst du nie wieder.«

»Eva, du tust mir leid. Wie kannst du nur damit leben, daß du alle Männer für Schweine hältst?«

»Was hast du gegen Schweine, Lily? Das sind doch ganz süße Tierchen.«

2.

»Hallo, Süße, rat mal, wer dich zu nachtschlafender Zeit aus dem Bett schellt...«

»Bist du verrückt, Lily? Ich war schon am Schlafen.«

»Lüg nicht, ich hab nur zweimal durchklingeln lassen.«

»Was ist los? Soll ich meinen Vorrat an Papiertaschentüchern pakken und zu dir rennen, Tränen trocknen?«

»Wie kann man nur so nachtragend sein, Eva. Schäm dich.«

»Als ich dich das letzte Mal gesehen hab, hast du so geheult, daß du drei Rollen Küchenkrepp und tausend Blatt umweltfreundliches Klopapier platt gemacht hast. Reife Leistung.«

»Ja, und dann ist es noch ein richtig netter Abend geworden. Du und ich und der Schampus, den ich für Manni kalt gestellt hatte. Und das Kleingedruckte aus dem Kreditvertrag, das wir uns vorgelesen haben. Wir haben uns gebogen vor Lachen.«

»Ich weiß nicht, ob wir denselben Abend meinen. In meiner Erinnerung haben wir ausgerechnet, wieviel du die nächsten zwanzig Jahre für deinen Kredit monatlich blechen mußt. Das war kein bißchen komisch.«

»Eva, du siehst alles so verkniffen. Sei doch mal ein bißchen locker. Das ist doch nur Geld. Und mir geht's wieder richtig gut, Süße. Das ist die Supernachricht zu später Stunde.«

»Du hast doch nicht etwa schon wieder...?«

»Siehst du, Eva. Wahres Glück läßt sich nicht verstecken. Das strahlt aus, sogar durchs Telefon. Diesmal ist es der Richtige.«

»Das erzählst du mir jedesmal...«

»Aber wenn es doch so ist. Nur ganz wenige Menschen sind zu so leidenschaftlichen Begegnungen fähig. Das hat Carlo mir gesagt, und er hat recht.«

»Also Carlo heißt er.«

»Ja, findest du nicht, daß das ein goldiger Name ist? Seine Eltern sind Italiener, aber er lebt schon sein ganzes Leben hier. Er ist so süß. Jedesmal, wenn er kommt, bringt er mir eine Riesenportion Eis mit. ›Für meinen kleinen Vulkan, zum Abkühlen.‹ Ist das nicht süß?«

»Die Eisdiele gehört bestimmt seinem Onkel, und er kriegt das Eis gratis.«

»Eva, manchmal frage ich mich, warum wir noch befreundet sind. Du mußt alles miesmachen. Ich glaube nicht, daß das gesund ist.«

»Lily, findest du nicht, daß es etwas spät für Grundsatzdiskussionen ist? Warum rufst du an?«

»Was soll denn das Mißtrauen? Du bist meine beste Freundin. Deshalb rufe ich dich an, weil ich mich mal wieder melden wollte. Ich dachte, es interessiert dich vielleicht, wie es mir geht.«

»Ist ja schon gut. Ich hab verstanden. Diesmal ist es der Richtige. Er ist so süß. Der Netteste überhaupt. Direkt was zum Heiraten.«

»Woher weißt du das? Davon hab ich dir doch noch gar nichts erzählt. Er will mich in Neapel heiraten, weil da schon seine Eltern und seine Großeltern geheiratet haben. Ist das nicht aufregend?«

»Schick mir 'ne Anzeige, ja? Und jetzt laß mich schlafen. Auch wenn du frisch verliebt bist. Ich muß morgen arbeiten.«

»Carlo hat gesagt, ich brauch nicht mehr täglich an einem Schreibtisch zu sitzen und mich ausbeuten zu lassen.«

»Sag bloß, Carlo ist der Erbe vom Pizza-Hut?«

»Ein Restaurant hat er nicht, aber so was Ähnliches.«

»Was ist es denn, 'ne Pommesbude?«

»Ein Klub für deutsche und italienische Geschäftsleute. Japaner sind auch oft da, sagt er. Ganz exklusiv. Mit Sporttrakt, Sonnenstudio, Sauna und so. Da könnte ich als Hosteß arbeiten.«

»Und mit den Kerls schlafen? Ist das im Preis inbegriffen?«

»Eva, du hast eine schmutzige Phantasie. Das ist kein Bums, das ist ein ganz erstklassiger Entspannungsklub. Das sind Geschäftsleute, die wollen kultivierte Unterhaltung.«

»Ich hab noch keinen getroffen, der auf so was aus ist. Das ist ein Puff, und wenn ich mich nicht vertue, ist dein Carlo so 'ne Art Zuhälter oder Anwerber oder so.«

»Carlo ist kein Zuhälter. Bloß weil er 'nen Jaguar fährt und gutsitzende Klamotten trägt, heißt das doch nicht, daß er ein Zuhälter ist.«

»Hast du den Klub schon gesehen?«

»Er holt mich gleich ab, dann fahren wir hin.«

»Was war das denn für ein Gerede, von wegen ›leidenschaftliche Begegnungen‹?«

»Ich bin eine ganz ungewöhnliche Frau mit einer ungewöhnlichen Begabung für leidenschaftliche Begegnungen. Das hat Carlo mir gleich am Anfang gesagt.«

»Als er mit dir ins Bett gegangen ist.«

»Bei dir klingt immer alles so gewöhnlich. Aber du kannst ja nichts dafür. Dir ist eben noch nie ein richtiger Mann begegnet.«

»Da mache ich auch jeden Abend vorm Ins-Bett-Gehen drei Kreuze.«

»Sag so was nie, wenn Carlo in der Nähe ist. Er ist katholisch.«

»Versprich mir eins, Lily. Wenn er dich im Klub mit Freunden von sich bekannt macht und bittet, nett zu Ihnen zu sein: Tu's nicht.«

»So was würde Carlo nie tun. Du mit deiner schmutzigen Phantasie. Alles mußt du in den Dreck ziehen.«

»Ist ja schon gut, Lily. Wenn was ist, heute nacht, kannst es ruhig durchklingeln lassen. Ich werd schon wach.«

»Eva, ich glaube, du hast eine Phobie oder so ähnlich, 'ne fixe Idee, daß alle Männer Schweine sind. Versprich mir, daß du was dagegen tust, ja. Das kann nicht so weitergehen, Süße. Du tust mir so leid. Ich würde dir so gern helfen, ehrlich.«

»Ich habe keine Phobie, du Schaf. Männer sind Schweine. Das ist doch gar keine Frage. Versprich mir, daß du anrufst, wenn es zu heiß wird.«

»Auf den Anruf kannst du lange warten, du alte Schwarzseherin.«

3.

»… Ha … hatschi, Süße.«

»Gesundheit. Du solltest dich wärmer anziehen. Besonders nachts um zwölf. Unterhöschen und BH reichen da einfach nicht. Jedenfalls nicht im Oktober.«

»Du bist so spießig, Eva. Das bißchen Erkältung. Ha, ha, hatschi. Ich wußte gar nicht, daß ich noch so schnell laufen kann. Mit den Stöckelschuhen und den engen Klamotten wär ich nicht halb so schnell gewesen.«

»Wenn die Polizeistation nicht gleich an der Ecke gewesen wäre, hättest du dir 'ne Lungenentzündung geholt, mindestens, und lägst jetzt schwer auf der Bleiche.«

»Tu ich aber nicht. Mir geht's bestens. Wir haben doch 'ne tolle Nacht zusammen verbracht. Oder nicht? Ich im Bett mit der Wärmflasche und allen Decken, die wir gefunden haben. Du auf der Klappliege und eine Superstimmung. Und die Witze, die wir uns erzählt haben. Bis es hell wurde. Das war richtig toll.«

»Mensch, Lily, du hast bloß verdammtes Glück gehabt. Der Abend hätte auch ganz anders ausgehen können. Wenn dich dein Carlo vorher eingefangen und verdroschen hätte.«

»Das hätte der nie getan. Dazu hatte er viel zuviel Klasse. Er hat mir ja noch einen Brief geschrieben, wie leid es ihm tut, daß ich nicht so aufgeschlossen bin, wie er gedacht hat. Da siehst du, daß er Stil hat. Sonst hätte ich mich ja auch gar nicht mit ihm zusammengetan.«

»Der hatte keinen Stil, Lily. Der hatte Schiß, daß du ihm 'ne Anzeige anhängst, deshalb hat er sich so brav verabschiedet.«

»Ich, ha, hatschi, weiß nicht, Eva. Du und dein Mißtrauen. Das zerfrißt dich noch von innen.«

»Danke für die guten Wünsche. Und sonst? Irgendwelche Neuigkeiten?«

»Ich habe da jemanden kennengelernt …«

»O nein …«

»Du hast mich gefragt. Aber wenn es dich nicht interessiert …«

»Lily, wenn du mir wieder mit deinem ›Diesmal ist es ganz anders, diesmal ist es der Richtige‹ kommst, dreh ich durch.«
»Was hast du denn Eva? Kannst du es nicht ertragen, wenn deine beste Freundin glücklich ist?«
»Wer ist es denn diesmal?«
»Also so, wie du fragst, hab ich gar keine Lust dazu, dir etwas von ihm zu erzählen. Du freust dich gar nicht für mich.«
»Lily, du Schaf. Ich will bloß nicht, daß du wieder an einen Typen gerätst wie Herbert, der dich grün und blau prügelt. An einen wie Manni, der dir das Geld aus der Tasche zieht, oder einen wie Carlo, der dich zum Anschaffen schickt.«
»Das würde Werner nie tun. Er ist so süß. Und er hat es nicht leicht gehabt im Leben. Stell dir vor, seine Geschwister haben ihn um das Erbe betrogen und ihm ganz übel mitgespielt. Und er ist immer noch so gutmütig. Selbst der Gefängnispfarrer sagt, daß er der netteste Mensch ist, den er je kennengelernt hat. Diesmal ist es der Richtige. Das hab ich in den Haarspitzen. Diesmal ist es... Eva, hallo, Eva, warum antwortest du nicht... Eva, sag doch was... tüt... tüt... tüt... Na so was. Die hat einfach aufgelegt.«

Eva Demski

Reise ohne Grund

Eigentlich hatte es schon auf dem Flughafen angefangen. Die Tage vorher waren ruhig und schön gewesen, nachts war ich manchmal von einem sanften Regengeräusch wach geworden und vom gleichen Wasserzwitschern wieder eingeschlafen. Aber wenn ich dann morgens aufstand in diesen vergangenen Tagen, hatte die Sonne längst alle Feuchtigkeit aufgeleckt. Ja, es hatte am Tag meines Abflugs angefangen, denn da war der Himmel nach der Nacht nicht wieder klar geworden, sondern dick und dunkel hängengeblieben, ein Rest Nacht, und auch die Nachtgedanken waren in meinem Kopf hängengeblieben, dick und dunkel, und die Sonne hatte sie nicht auflecken können.

Es war so ein kurzer, schöner Entschluß gewesen, einfach wegzufliegen in eine Stadt, die ich nicht kannte, wie ich auf London kam, weiß ich nicht mehr. Die Freunde sprachen davon, was, da warst du noch nie? Das gibt's ja gar nicht! Da war dann nach ein paar Gläsern Wein wieder dieser Gedanke gekommen, ein alter Bekannter ist dieser Gedanke, ich mag ihn nicht sonderlich, denn ich weiß längst, daß er mich betrügt. Wie oft habe ich mir Püffe und Risse geholt in den Labyrinthen, in die er mich gelockt hat! Du kannst doch, läutet er eine Glocke in meinem müden Kopf, du kannst doch nun wirklich tun, was du willst! Du brauchst niemanden zu fragen, niemand wird dir etwas in den Weg legen! Du bist allein, es ist deine Sache, auch das Geld ist deine Sache, ein kleines Plastikkärtchen, nichts weiter. So hat der Gedanke nicht aufgehört zu läuten, verführerisch wie immer, und immer habe ich ihm ein wenig geglaubt. Als ich das Ticket kaufte, war ich fast sicher, daß er mich diesmal nicht belog.

Aber die Freunde machten schmale Münder, als ich meinen Reiseplan erwähnte, einfach so? sagten sie, so ganz ohne Grund? Und ich versuchte an dem Abend ganz umsonst, ihre Gesichter aufzusperren, ich war wieder mittendrin in dem Labyrinth, in das mich der Gedanke gelockt hatte, blind und weichhäutig wie eine Schnecke. Schon wieder suchte ich nach Gründen, und als ich keine fand, redete ich von meinem Recht als Frau. Dagegen konnten sie nichts sagen, damit bewaffnet kann man auch die dümmsten Sachen beanspruchen und keiner widerspricht. Aber weil es so war, fühlte ich, wie meine Sätze stumpf waren, und ich freute mich nicht mehr.

Ich hatte ja eben etwas Unbegründetes tun wollen, diese Reise hätte wie ein Sack sein sollen, in den ich alle Begründungen meines Lebens hätte stecken können, alles Verstanden-werden-Wollen, ein für allemal. Aber da stand ich in der Halle des Flughafens, sorgfältig frisiert und untadelig angezogen, und sah denen nach, für die diese Halle weiter nichts hieß als Fortkommen – Saris und schmutzige Jeans, Kinder und verschnürte Taschen, und ich beneidete die Leute und die Sachen um ihre Beiläufigkeit.

Ich hatte nie beiläufig sein können, immer war mir der Schatten wichtig, den ich warf, und ich begegnete in jeder Schaufensterscheibe und in jedem Blick eines anderen immer wieder so erleichtert meinem Spiegelbild, als fürchtete ich insgeheim, es verloren zu haben. Um mich zu spüren, hatte ich immer andere gebraucht, irgendwelche andere, so als sei ich ein Mond und könnte nur Licht einsammeln und nicht selbst leuchten. Und nun wollte ich in eine Stadt fliegen, die ich nicht kannte, allein und ohne einen Auftrag, der mich dort hätte erklären und begründen können, nichts konnte mir garantieren, daß ich mich nicht unterwegs verlieren würde, lautlos und unauffindbar.

Ich hatte keine Angst während des Flugs. Die Maschine rutschte über einen dicken grauen Wolkenteppich, der aussah, als könne er sie jederzeit auffangen, wenn sie fiele. Aber das war nicht der Grund für meine Furchtlosigkeit. Ich hatte, schien mir, schon begonnen, mich zu verlieren, und die Angst war eben das erste gewesen, was mir abhanden gekommen war. Ich staunte nur darüber, daß es nicht weh tat. Zum Hotel nahm ich ein Taxi. Das glatte fremde Geld gab sich leicht aus, und der Fahrer schien verlegen über die Höhe der Summe, die ich ihm gab. Es war ein gutes Hotel. Nur störte mich, daß über dem Schreibtischchen ein Spiegel hing. Da hätte ein Fenster sein sollen. Denn ich hatte ja nichts Sicheres mehr außer diesem Zimmer und wollte nicht hinausgehen. Aber hinausschauen wollte ich doch und nicht in mein eigenes, wie verschwommenes Gesicht. Unten aus dem Hof des Hotels drangen Stimmen, Arbeiter luden einen Wagen aus, und ich hörte ihre fröhlichen festen Kommandos und das dunkle Rumpeln der Kisten. Ich konnte nicht verstehen, was sie sagten, aber sie klangen, als wüßten sie genau, warum sie da waren und miteinander sprachen, sie hatten einen Auftrag und führten ihn aus.

Erst spät verließ ich das Hotel, ich hatte lang gebraucht zum Kämmen und Schminken, obwohl ich mir denken konnte, daß keiner danach sehen würde, war es mir wichtig. Wenigstens das wollte ich zusammenhalten, dieses Gerüst aus Kleidern und Haaren und Farben, noch immer glaubte ich für etwas bereit sein zu müssen, das mich von mir wegholen würde. Ich hatte keinen Stadtplan, denn der hätte das Bild gestört, das ich von mir zeigen wollte, und so ging ich immer den Namen nach, die ich kannte. Buckingham Gate, St. James Park, Westminster, lauter Namen wie aus alten bunten Stücken, in denen es viele Tote gibt. Es störte mich nicht, daß alles ganz anders aussah, als ich es mir vorgestellt hatte, denn auch die Bilder von früher hatte ich vergessen. So schaute ich nur Einzelheiten an, einen Bronzelöwen, die kleinen bösspitzigen Gitterchen um die Wiesen des Parks, einen Feigenbaum, unter dessen Krone man hätte wohnen können, so tief und dicht überwölbte sie die Wiese.

Später wurde die Stadt immer lauter, das schwoll an und strömte an mir vorbei, und die sich drehenden Bilder aus Licht an den Häusern taten mir in den Augen weh. Ich hatte Angst, die Straßen zu überqueren – nicht nur, weil ich es schwer hatte, mich an die umgekehrte Blickrichtung zu gewöhnen, sondern weil ich meiner eigenen Sichtbarkeit nicht mehr traute. Was wußte ich, ob sie mich sahen, was sie sahen? Keinen Blick konnte ich einfangen, wie also sollte ich's wissen?

Piccadilly Circus sah ich und begriff nicht, warum ausgerechnet dieser Platz so berühmt war, als sei er eine Art Herz, ein Mahlstrom, um den die ganze Stadt floß. Ich sah nichts davon. Nur Menschen, unglaublich viele Menschen, die alle eine sichere Richtung zu haben schienen, manche standen in der Mitte auf den Stufen eines Denkmals wie Schwimmer, die sich überlegen, ob sie noch einmal ins Wasser springen sollen. Ich ging durch alles hindurch wie unter einer Tarnkappe und spürte mich immer weniger. Wenn jemand mich anstieß, hatte ich ein Gefühl wie Dankbarkeit.

Noch nie hatte mir Lärm etwas ausgemacht, laute Straßen, den an- und abschwellenden Ton von Autos, Glocken und Stimmen hatte ich eher als angenehm empfunden, als etwas, das mich trug und wachhielt. Aber an diesem warmen Abend in London spürte ich ihn wie etwas, das mich erstickte, so, als habe meine Stimme keinen Platz mehr in dem Gedröhn. Es fiel mir auch ein, daß ich sie lang nicht mehr gehört hatte, meine Stimme, was hätte ich auch sagen können und zu wem. Aber ich wagte nicht, sie auszuprobieren, vielleicht fürchtete ich, daß in diesem Moment das ganze brüllende Konzert jäh enden und mich allein lassen würde.

Blödsinn, sagte ich mir. Es war sonst eigentlich nicht meine Art, so um meinen Nabel herumzudenken, aber ich tat es und hatte das, was andere Leute eine Panik nannten und wofür ich sie immer gründlich verachtet hatte. Ich versuchte, schöne Bilder zu sammeln, in meinen Augen zu sammeln, mich nicht so wichtig zu machen. Ein großer weißer Hund, der seinen Eisbärenkopf auf den Fuß eines Negers gelegt hatte. Inderinnen, deren goldene und grüne Saris wie Schmetterlinge flatterten. Das blättrige Grün einer Tür, an die, wie drangelehnt, eine nackte Frau als Türklinke geschraubt war. Aber es blieb alles künstlich und ging mich nichts an.

Als ein wenig später irgendein Mann mich ansprach – hey, ginger, sagte er –, spürte ich, wie mir ein Lächeln das Gesicht auseinanderzog, viel zuviel Lächeln, eine verzweifelte, häßliche Grimasse. Der Mann schaute mich verlegen an, mein aus der Kontrolle geratenes Gesicht, aber ich konnte ihm doch nicht sagen, daß er seit Tagen der erste Mensch war, der mir bewies, daß es mich noch gab. Da drehte ich mich weg und stolperte noch, schaute in die falsche Richtung und wurde fast von einem Auto angefahren. Aber ich fand keuchend ein Taxi und hatte, als ich die erleuchtete Tür des Hotels sah, fast ein Gefühl wie Gerettetsein.

In der Nacht schlief ich nicht – oder besser, ich hatte mir eingebildet, nicht zu schlafen, denn ich wachte doch auf aus einem Traum, also war es etwas wie Schlaf gewesen. Einer von den Träumen war es, die man im Aufwachen fortsetzen möchte und die einem, endgültig wach geworden, peinlich sind. Wenn man so einen erzählt, sagt meist irgendwer: der gute alte Freud!

Den ganzen nächsten Tag blieb ich im Hotel, schlief, rauchte und ließ mir am späten Nachmittag eine Flasche Wein aufs Zimmer bringen. Ich hätte sie gern früher gehabt, aber ich fürchtete das Gesicht des Zimmerkellners.

Der nächste Morgen dann war sonnig, zum erstenmal in dieser Stadt Sonne, und ich schaute freundlicher auf die Fenster mir gegenüber, die ich nun schon kannte. Ein Tag für Entschlüsse, dachte ich, für Abenteuer, denn ich wollte doch irgend etwas gespürt haben von dieser Stadt, in der ich meiner eigenen Unsicherheit begegnet war.

Ich fuhr in den Hydepark. Auch so ein Kriminame, hinter dem nur Ereignisse waren und keine Bilder. Ich war eigentlich enttäuscht, nur eine Straße hinter den lauten Straßen, auf der der große Lärm noch zu hören war, Eisbuden und erst allmählich herankommende Stille. Das Gras sah räudig aus, eine mit weißen Papiertupfen gesprenkelte, schartige Wiese. Aber ich sah auch Margeriten, als ich näherkam, vereinzelt staubige Blumen wie auf einer wirklichen Wiese. Da war ich froh, ohne zu wissen, warum, ich spürte nur dieses Abtauen einer Strenge in mir und setzte die Sonnenbrille auf, weil mir die Augen überliefen und ich um meine Wimperntusche Angst hatte. Gans, dachte ich, du bist eine Gans.

Gruppen von bunten Kindern liefen unter den fernen Bäumen herum, Liegestühle standen einfach da, Gruppen von Stühlen, die so stehengeblieben waren, wie sich die Menschen in ihnen einander zugewandt hatten. Mir fiel immer eine Liedzeile ein, ich versuchte sie zu summen und bekam die Melodie nicht zusammen...
Dont't sleep in the subway, baby...

In der Ferne stand eine kleine Ansammlung von Leuten unbewegt vor etwas, dem sie offenbar gespannt zusahen. Ich dachte, vielleicht ist es einer von diesen Rednern, die ihre Sorten von Glück hier anpreisen. Ich habe Ausrufer immer gern gehabt und ihren Mut bewundert, geh doch hin, dachte ich, es hindert dich ja keiner.

Aber ich hörte nichts, als ich näherkam, sah nur die Menschenrükken und plötzlich über ihnen einen prächtigen braunen Schädel. Es war ein Bär, ein Tanzbär, der sich gerade aufgerichtet hatte, und ich sah nur die wiegende Bewegung dieses großen Kopfes über den Köpfen der Leute.
Ich hatte einmal gelesen, daß die ungarischen Zigeuner ihre Bären auf glühende Eisenplatten zwingen, um ihnen die Tanzbewegungen abzuquälen, das Bild hatte mich lang verfolgt, und ich dachte jetzt wieder daran, als ich mich durch die Leute drängte, um zusehen zu können. Ich war außer Atem, als ich ganz vorn stand, und erschrak fast, wie nah ich dem Bären gekommen war. Der Mann, der ihn zeigte, stand mit dem Rücken zu mir, er stand ganz ruhig, fast nachlässig vor dem riesigen Tier, und ich hörte nur das leise Klirren der Kette, die er in seiner Hand hielt. Das erste, was mir auffiel, war das Kostüm des Mannes. Es erinnerte mich an etwas, ein Märchen, etwas, das mir gefallen hatte, wie mir jetzt deshalb der Mann gefiel. Ein rot-grünes, enges Kostüm, fast ein Tänzerkostüm, und ich achtete nicht mehr auf den Bären, der sich jetzt langsam drehte, ich überlegte nur, wen dieses Kostüm mir zeigte. Eulenspiegel, dachte ich, Eulenspiegel ohne die Mütze. Aber ganz unverkennbar Eulenspiegel der Schalksnarr.
Ich mußte lachen, laut lachen, früher hatte ich ein schönes Lachen gehabt, und jetzt hatte ich es wiedergefunden, und der Bärenführer drehte sich um. Ich hatte gar nicht darüber nachgedacht, wie er aussähe, hatte auch nicht bemerkt, daß er graue Haare hatte, ungebärdig sich ringelnde Zigeunerhaare, aber sie waren grau, ein erfahrener Eulenspiegel, dachte ich, und sicher war er schon auf vielen Straßen gegangen mit seinem Bären. Mir fiel ein, daß ich noch immer meine Sonnenbrille aufhatte, und ich schob sie auf die Stirn, wie man einen Vorhang aufzieht, er soll mich auch anschauen, dachte ich und an meine Wimperntusche, aber es war mir jetzt egal.
Der Bär hatte wieder angefangen, sich zu drehen, und hob jetzt seine großen, pelzigen Tatzen mit einer drohenden und zärtlichen Bewegung. Ich spürte plötzlich, daß die Umstehenden von mir weggerückt waren, die Tarnkappe war abgerissen, und ich nahm mich selbst wahr, wie ich es seit Jahren nicht getan hatte. Der

Mann im Eulenspiegelkostüm und das große Tier bewegten sich jetzt beide, und ich sah die Hand des Mannes, wie sie mit einem kurzen Stock die Kehle des Bären berührte, und das Tier beugte und streckte hilflos seinen mächtigen Nacken. Die gerade Nase des Bären und die Nase des Mannes schienen sich zu berühren, diese beiden schönen, braunen Nasen.

Der Ring der Zuschauer war fransig geworden, vielleicht hatten sie etwas gespürt wie eine Lähmung, einen Stillstand der Vorführung. Vielleicht wollten sie aber auch nur einen sicheren Abstand von etwas Gefährlichem, Unabsehbarem bekommen.

Es war mir bisher gar nicht aufgefallen, wie altertümlich, ja unpassend der Mann mit dem Tier an diesem Ort war. Ich spürte es in dem Moment, als ich zwei dunkelblaue Gestalten mit Helmen näherkommen sah, sie gingen ein wenig zögernd, gleichmütig, aber ganz gerade auf die bunte Gruppe zu. Der Bärenführer konnte sie nicht sehen, die Leute verließen ihn jetzt schneller, und ich wunderte mich, wie sehr ich über die sich nähernden Polizisten erschrak. Ich spürte eine Ader an meinem Hals klopfen, das enge Gefühl im Brustkorb, das man in der Schule hatte und für das man sich als Erwachsener immer schämt. Eulenspiegel sah mir ins Gesicht und lächelte zum erstenmal. Eigentlich gehört er doch hierher, dachte ich erleichtert, aber er sollte im Garten des Tower sein oder vor dem Schloß, früher waren da sicher viele Gaukler mit Kindern und Tieren, lange zerlumpte Züge, Eulenspiegel mit dem Bären hätte dazugepaßt. Er schien die Polizisten gespürt zu haben, denn er drehte sich mit einer schnellen, graziösen Bewegung zu ihnen und zeigte kein Erstaunen oder Erschrecken.

Zuschauer waren keine mehr da, ich hatte gar nicht gesehen, wie auch die letzten sich lautlos über das matte Gras in der Tiefe des Parks verloren. Ich wußte nicht, was ich tun, wie ich stehen sollte. Ich spürte nur, daß ich meinen Mund geöffnet hatte vor Anstrengung, die leisen, kurzen Sätze der beiden Bobbies zu verstehen. Schweiß lief mir kühl innen an den Armen herunter, ich wußte zuerst nicht, was mich so angstvoll machte, bis ich begriff, daß es die Angst vor der Demütigung war, vor seiner Demütigung, die mich so schwitzen ließ. Vielleicht liebte ich ihn da schon, als ich mir die Nägel in die Handballen grub und hoffte, er möge mit den Polizisten so fertig werden wie mit dem Bären, der jetzt wieder auf allen vieren stand und den Kopf wiegte, so daß es aussah, als schaue er beständig aufmerksam zwischen seinem Herrn und den Polizisten hin und her. Während Eulenspiegel mit ihnen sprach, ihnen ein paar Zettel hinhielt, die sie nur zögernd nahmen, ließ meine Aufregung nach, er hatte nicht den Kopf gesenkt, so haben sie schon früher voreinander gestanden, die Gaukler und die Polizei, dachte ich, und mir fiel auf, wie schön das Rot seines Kostüms vor den dunklen Uniformen aufleuchtete in der tieferstehenden Sonne. Die Bobbies gingen jetzt, wieder zögernd, wie sie gekommen waren, sie sahen sich noch öfter um, wurden kleiner auf der gesprenkelten Wiese, verschwanden schließlich hinter den fernen Bäumen.

Ich hätte ihn gern angesprochen. Aber ich hatte nie richtig Englisch gelernt, die Wörter, die ich konnte, waren aus den späten Fünfzigern in meinem Kopf übriggeblieben, und ich hätte ziemlich viel über Liebe, Sehnsucht und Musik sagen können, aber ich konnte nicht danach fragen, ob der langsame traurige Tanz seines Bären nicht eine Quälerei sei und was ihm die Bobbies gesagt hätten. Schmerz oder Gewalt, Dressur oder Alleinsein fand ich nicht in meinem englischen Wortsammelsurium. Es machte mich zornig, wie unausweichlich mich die Wörter, die ich kannte, in die Richtung »Mann und Frau« schoben. So blieb ich still und wartete, daß noch irgend etwas geschähe.

Wir drei, der Bär, der Mann und ich, waren allein geblieben. Er beachtete mich jetzt nicht weiter, befahl sein Tier mit einer kurzen Berührung des Stocks auf die Hintertatzen, ließ ihn sich einmal drehen und umarmte ihn, während er ihm eine Plastikflasche gab. Der Bär nahm sie in beide Pfoten und legte den Kopf nach hinten, während er sie ansetzte, hastig wie ein Mensch, der aus einer Bierflasche trinkt. Mir schien, als wollte Eulenspiegel ganz allein für mich die Vorführung zu Ende bringen, als wolle er mir die Liebe zwischen sich und dem Tier zeigen, und jetzt bemerkte ich auch plötzlich ein Geräusch, auf das ich die ganze Zeit nicht geachtet hatte, weil es von Anfang an die Szene eingehüllt hatte, ein schnurrendes rauhes Brummen, gleichbleibend und leise. Ich mußte an die Stoffbären meiner Kinderzeit denken, man hatte sie beugen müssen, damit sie brummten.

Ich war froh, daß es dunkler wurde und Eulenspiegel mein in Hilflosigkeit erstarrtes Gesicht nur schattenhaft sehen konnte, so wie ich von seinem nur den Schein des Abendlichts hinter den wirbeligen Locken seiner grauen Zigeunerhaare sah. Ich stand so ungelenk auf dem rauhen Rasen, und es fiel mir nicht ein, wie ich mich hätte lautlos entfernen können. Vielleicht wollte ich es auch nicht.

Er drehte sich plötzlich zu mir, wie in einer Pirouette mit einer raschen Tänzerbewegung. She's a lady, sagte er zu mir und deutete auf den Bären, auf seine Bärin, die noch immer die Plastikflasche in den beiden Tatzen hielt. Ich spürte, wie mein Mund blitzschnell trocken wurde, wenn ich jetzt etwas gesagt hätte, wäre ich meiner Stimme nicht sicher gewesen.

Ich dachte nicht mehr nach über die Art, wie er sie wohl gezähmt haben mochte, sondern fühlte etwas wie einen traurigen Neid, auch Zorn auf meine Stummheit und Unbeweglichkeit. Er stand jetzt plötzlich ganz nah bei mir und berührte meine Kehle mit den Fingern. Er bewegt sich wie ein Zauberer, dachte ich. Ich setzte mich ins Gras, eigentlich fiel ich fast hin in einer lächerlichen Schwäche, aber ich achtete noch darauf, daß ich meinen Rock um mich ausbreitete, als hätte ich die ganze Zeit die Absicht gehabt, mich ins Gras zu setzen. Der Herr der Bärin hockte sich neben mich, die Schalksnarrenstellung, dachte ich, mit angezogenen Knien und davor verschränkten Armen. Plötzlich fiel mir das Wort ein, das ich vorhin gesucht hatte, *violence* hieß es, aber nun brauchte ich es nicht mehr. Die Bärin stand jetzt wieder auf allen vieren, den Kopf zu ihm und mir gewandt, ich sah nur noch ihre mächtige Silhouette gegen den rötlichen Himmel und hörte das leise Klirren der Kette.

Ich hatte wieder nicht bemerkt, wie er sich bewegte, plötzlich stand er vor mir und zog mich mit hoch, er ließ meine Hand auch nicht los, während er sich nach der Kette seiner Bärin bückte. Es fanden sich noch ein paar Reste von früher in meinem Kopf – du kannst doch nicht einfach mit so einem Schausteller gehen, sagte da etwas, aber ich mußte nicht darauf hören, so leise war der Gedanke und ging auch schnell vorbei. Während ich mit ihm über den

harten asphaltierten Weg ging, dachte ich nicht an das Ziel des Wegs, sondern, daß er der Bärin wahrscheinlich an den Tatzen weh tun würde und daß ich eigentlich Angst vor ihr hatte. Ich bin unsichtbar gewesen, dachte ich, und habe einen Zauberer getroffen, der mich wieder sichtbar gemacht hat, warum sollte ich nicht mit ihm gehen, mit wem sollte ich denn sonst gehen?
Er hatte diesen merkwürdigen Wagen am Rand des Hydeparks geparkt, ein großer, mit fahrigen bunten Pinselstrichen geschmückter kastenförmiger Wagen. Noch immer hatte er nicht mit mir gesprochen, aber er öffnete die hinteren Türen und zog eine Planke aus, über die er seine Bärin ins Wageninnere befahl. Sie blieb stehen, wollte nicht in den Wagen, erhob sich sogar auf die Hintertatzen und sah mich an. Er sagte ein scharfes Wort, ein kurzes Wort, das ich nicht verstand, und sie fiel wieder vornüber und ließ den Nacken tief nach unten hängen, dann ging sie in den Wagen, und er sagte, sie wird nicht glücklich sein, morgen. Er sagte es auf deutsch, als befürchtete er, sie könnte es verstehen.
So verbrachten wir zu dritt die Nacht in diesem fahlbunten, großen Wagen, eine Wand trennte die Bärin und uns, ich hörte sie deutlich, wie sie sich manchmal dagegenwarf, ihr Stöhnen und das Klirren ihrer Kette. Ich sah sein Gesicht in den vielen Farben der Lichter um den Park, seine Haut war warm und trocken, warm und trocken wie ein Tierfell. Gegen Morgen schlief ich ein, zusammengerollt und glücklich wie eine Schlange in der Sonne. Als ich wach wurde, war der Himmel schon fahl geworden, er berührte meine Kehle und lächelte nicht. Ich hörte wieder das Atmen der Bärin hinter uns, aber er sah sich nicht nach ihr um. Sie weiß, daß ich sie nicht verlasse, sagte er.
Als ich nach Hause zurückflog, war das Wetter sehr klar, und ich konnte tief unter mir den Kanal sehen, graue, weißgeränderte Wellen. Ich hatte keine Angst.

Doris Dörrie

Das Sofa

Sie hatte die Angewohnheit, alles zurückzulassen und nur mit einer Plastiktüte auszuziehen. Sie verließ ihre Männer, lange bevor sie auszog. Die Männer waren dann immer sehr erstaunt und konnten sich nicht erklären, warum. Warum gerade jetzt? Spock fing an, Schach zu spielen, während Linda ihren Paß einsteckte, Zahnbürste und Schminksachen, ein paar Kleidungsstücke und ihre liebsten Stöckelschuhe. Sie hatte ihn von Anfang an Spock genannt, weil er lange spitze Ohren hatte wie Spock in der Fernsehserie ›Raumschiff Enterprise‹.

»Wir hatten ganz schöne Zeiten, was?« sagte er, und nur an der Art, wie er die Dame auf dem Schachbrett umklammert hielt, konnte Linda ablesen, daß er irgend etwas empfand.

»Wir hatten manchmal ganz schöne Zeiten«, sagte sie.

Die stickige Luft im ›Möbel-Paradies‹ bereitete ihr leichte Übelkeit. Mißmutig schoben Paare an ihr vorbei, manche zogen nörgelnde Kinder hinter sich her, ermattet ließen sie sich auf Bett und Sofas fallen, studierten die Kataloge, die Männer klappten Zollstöcke auf und zu und wiegten bedenklich das Haupt, die Frauen befühlten die Stoffe und testeten die Stabilität der Möbel, die Kinder saßen schreiend auf dem Boden oder wurden von den Verkäufern daran gehindert, auf den Betten herumzuspringen. Linda konnte sich nur an einen einzigen Mann erinnern, mit dem es Spaß gemacht hatte, einkaufen zu gehen. Ansonsten hatten sie nicht zueinander gepaßt.

Sie steuerte auf ein schwarzes Sofa mit roten Armlehnen, gelben Kissen und blauen Füßen zu, setzte sich und beobachtete Moses, der hingebungsvoll seit mindestens zwanzig Minuten Teppichmuster studierte. Sie nannte ihn Moses, weil er so weise war. Seine Weisheit hatte ihn auch davor bewahrt, einen Streit mit seiner Frau über die Aufteilung der Möbel anzufangen. Linda hatte sie nur ein einziges Mal gesehen, als Moses gemeint hatte, es sei angebracht und erwachsen, seiner Frau seine neue Lebensgefährtin vorzustellen. Seine Frau hatte einen Tisch mit Möbelpolitur eingerieben, Moses hatte über Finanzen geredet und Linda einen Orangensaft getrunken. Die Möbel mochte sie nicht. Sie waren dunkel und antik.

Moses kam auf sie zu und lächelte.

»Das Sofa ist nicht dein Ernst«, sagte er.

»Es sieht japanisch aus«, sagte Linda.

»Postmodern.«

»Ich mag japanisches Essen, und ich mag dieses Sofa.«

Er setzte sich neben sie.

»Es ist unbequem.«

Er nahm Linda bei der Hand und stand auf.

»Aber wir werden uns deshalb nicht streiten.«

»Nein«, sagte sie.

Er entschied sich für ein graues Ledersofa. Es paßte zu seinen Flanellhosen. Linda fand es kalt und ungemütlich, aber das sagte sie nicht. Sie saß sowieso lieber auf dem Boden. Wie ein Araber, fand Moses. Deshalb kauften sie jetzt ein Sofa. Als sie sich aus dem grauen Ledersofa erhoben, sah Linda ein Schild an der Armlehne: ICH BIN LEIDER NICHT DA.

»Was soll das heißen, ich bin leider nicht da?« sagte Moses.

»Sie haben es nicht vorrätig. Das japanische ist da.«

Wenn er wütend wurde, fing er an zu lächeln.

»Linda, Schatz, das japanische ist vielleicht da, aber es ist nicht für uns da.«

»Warum?«

»Weil ich es, mit Verlaub, geschmacklos finde, und über Geschmack läßt sich nicht streiten.«

Er sagte immer »mit Verlaub«, wenn er keinen Widerspruch duldete. Das war zuerst Spock aufgefallen, nicht ihr. Sie hatten jahrelang miteinander Schach gespielt, ohne dabei Freunde geworden zu sein. »Wenn er noch einmal zu mir sagt, ›das war, mit Verlaub, kein guter Zug‹, bringe ich ihn um«, hatte Spock, der gegen Moses meistens verlor, immer gesagt.

Spocks Unhöflichkeit war ihr auf den Nerv gegangen, und Moses'

Höflichkeit fing an, ihr heute, in dem verdammten Möbelparadies, auf die Nerven zu gehen.
Moses suchte die nächste Verkäuferin, um zu fragen, ob das graue Ledersofa wirklich nicht vorrätig sei. Er liebte langwierige Diskussionen, Linda mochte noch nicht einmal Leute nach dem Weg fragen. Sie verirrte sich lieber, als langen Erklärungen zuzuhören, die sie dann doch nicht behielt.
Moses würde in einer fremden Stadt das Hotel niemals ohne Stadtplan verlassen, da war sie sicher, und sie verlor jetzt schon jede Lust, jemals mit ihm zu verreisen.
Auf Reisen hatte sie sich mit Spock immer am besten vertragen. Fast ohne Gepäck waren sie um die halbe Welt gereist, ohne Plan, ohne Ziel. Tagelang hatten sie auf irgendwelchen Flughäfen herumgesessen, weil sie sich nicht vorher nach den Abflugzeiten erkundigen mochten, ihre Reisen bestanden zum größten Teil daraus, irgendwo zu stranden und darauf zu warten, wie es weiterging.
Jede Liebe hat ein Bild von sich. Spock und Linda an einer verlassenen Bushaltestelle mitten im Dschungel, er mit einem Reiseschach auf den Knien, ihr Kopf an seiner Schulter, wartend. So ungefähr sähe das Bild ihrer fünfjährigen Liebe aus. Sie würde es über das japanische Sofa an die Wand hängen.
Linda schlenderte langsam in die Küchenabteilung und überließ Moses der Verkäuferin, die zusehends unter Moses' Charme zerfloß und alles möglich machen würde.
Spock war auf Reisen nicht anders gewesen als zu Hause. Das hatte sie nur lange nicht begriffen. Er wartete. Sein ganzes Leben bestand aus Warten. Zu Hause wartete er auf Gefühle, die Linda anfangs bereitwillig und im Übermaß lieferte, auf Reisen wartete er auf Busse und Flugzeuge. Das war der einzige Unterschied.
Moses haßte Warten. Er versuchte so weit wie möglich zu verhindern, in eine Situation zu geraten, die ihn zum Warten zwingen würde. Linda brauchte sich nur zurückzulehnen und zu warten, was Moses mit ihr Tag für Tag anstellen würde. Möbel kaufen zum Beispiel. Es war angenehm, wenn jemand anders das Leben organisierte. Linda konnte Spock jetzt verstehen.
Als sie aus der Küchenabteilung wieder zurück zu den Sofas

schlenderte, waren Moses und die Verkäuferin verschwunden. Sie beschloß, sich auf das japanische Sofa zu setzen und zu warten. Dort saß Spock. Seine Haare waren kürzer. Seine Hosen sauberer.
Er sah sie erst, als sie vor ihm stand. Sie setzte sich neben ihn.
»Gefällt dir dieses Sofa?« fragte Spock.
»Ja«, sagte sie, »es ist geschmacklos.«
»Mit Verlaub«, sagte er.
Sie lächelten beide. Kurz.
»Wie geht es dir?« fragte sie.
»Sie mag unsere Möbel nicht.«
»Sie mag unsere Möbel nicht?«
»Nein«, sagte er. »Sie findet sie geschmacklos.«
»Sind sie ja auch«, sagte Linda.
»Deshalb haben sie uns so gut gefallen.«
»Mir. Mir haben sie deshalb gefallen. Ich hab sie gekauft, nicht du.«
»Stimmt«, sagte er.
»Du kannst sie abholen, wenn du willst. Sie gibt sie sonst auf den Sperrmüll.«
»Ich will sie nicht«, sagte Linda.
»Mit Verlaub«, sagte Spock.
»Idiot.« Sie legte ihre Hand auf sein Knie.
»Und weiter?« fragte er.
»Weiter nichts.« Sie nahm ihre Hand wieder weg.
»Nimmst du dies Sofa?«
»Vielleicht.«
»Vielleicht nehme ich es auch.«
Sie sahen sich an und schwiegen.
»Was meinst du, Linda, wann kommt der nächste Bus?«
»Morgen. Übermorgen.«
»Mañana.«
»Hör auf, Spock.«
Sie standen gleichzeitig auf und gingen, ohne sich noch einmal anzusehen, in verschiedene Richtungen.
Moses kam Linda entgegen. Er wedelte mit einem Zettel. »Ich hab's«, sagte er, »morgen früh wird es geliefert. Es ist das letzte,

und wir haben's billiger gekriegt, weil es ein Ausstellungsstück ist.«
Er gab Linda einen Kuß und zog sie zum Ausgang.
Als sie sich umdrehte, sah sie Spock mit einer schlanken, blonden Frau auf dem grauen Ledersofa sitzen. Zwei Verkäufer sprachen mit ihnen, sie standen auf. Ein Verkäufer deutete auf das Schild: ICH BIN LEIDER NICHT DA. Dann trugen sie das Sofa weg.
Die blonde Frau wandte sich ärgerlich an Spock. Er zuckte mit den Schultern und deutete auf das japanische Sofa. Die Frau schüttelte entschieden den Kopf, nahm Spock am Arm und zog ihn mit sich fort. Er wandte sich noch einmal nach dem japanischen Sofa um und traf Lindas Blick.
Moses nahm Linda bei der Hand.

Lottemi Doormann

Maries Recherche

1.

Am Abend, als Marie über den Platz Djemaa el Fna ging, stellte sie sich vor, sie wäre eine Königin. In ihrem langen bestickten Gewand, den Blick hochmütig erhoben, bahnte sie sich einen Weg durch die Menschenmenge; und plötzlich ließen wie durch einen Zauber all die fliegenden Händler, falschen Führer und Bettler, die sie eben noch bedrängt hatten, von ihr ab. Es war die Stunde vor Sonnenuntergang, magisch heulten die *Rhaïta*-Klarinetten, die Tamburine dröhnten, während die Schlangenbeschwörer und Akrobaten auf dem »Platz der Gehenkten« ein letztes Mal ihre Kunststücke darboten.

Doch kaum hatte Marie die Brotbuden der schwarzverschleierten Frauen am Rande des Djemaa el Fna hinter sich gelassen und die Straße überquert, auf der sich Pferdekutschen, Eselskarren, Fahrräder, Mopeds, Autos, Reisebusse unter grellem Gehupe aneinander vorbeischoben, als sich ihr ein junger Marokkaner in den Weg stellte.

»Mademoiselle, hier hinauf!« Herausfordernd hielt er sie mit Augen und Händen fest, als wirkte der Königin-Zauber nicht mehr.

»Berberin? Französin?« Er betrachtete lächelnd das lange Gewand.

»Nein«, sagte Marie, indem sie sich ärgerlich losmachte, und ging weiter.

Aber der Marokkaner gab nicht auf. Er trug ein buntbedrucktes T-Shirt, Jeans und Turnschuhe und wirbelte um sie herum: »Auf dieser Terrasse, Mademoiselle, haben Sie den besten Überblick, Sie können den Sonnenuntergang bewundern, dazu die beste Musik, Bruce Springsteen und...«

Sie blieb stehen und lachte. »Oh, ich brauche wirklich keine Musik in diesem Höllenlärm hier. Ich möchte in Ruhe gelassen werden, verstehen Sie?«

»Natürlich, Mademoiselle, aber diese Terrasse hier ist die ruhigste und beste am ganzen Platz!« Wieder lächelte er, doch als sie ihn ansah, verschwand das Lächeln, und sie spürte hinter dem Spiel des Türstehers einen verzweifelten Ernst.
»Na schön«, sagte Marie, »weil Sie so hartnäckig sind. Ich werde es ausprobieren.«
Er wies auf den kaum sichtbaren Eingang. Sie trat ins Dunkle. Ein enges verwinkeltes Treppenhaus, sie stieg hinauf, tastete an abgeblätterten Wänden entlang, hörte hinter einer geschlossenen Tür Stimmen. Am liebsten wäre sie umgekehrt, aber sie schämte sich ihrer Angst. Plötzlich ein Lichtschimmer von oben, erleichtert nahm sie die letzten Stufen bis zur Dachterrasse. Die meisten Tische waren nicht besetzt. Marie bestellte eine Kanne Pfefferminztee. Sie angelte das Notizbuch aus ihrer Handtasche, lehnte sich zurück und genoß den Blick über den Djemaa el Fna. Ockerrot leuchteten Häuser und Mauern in der sinkenden Sonne. Ich habe es doch richtig gemacht, dachte sie und vertiefte sich zufrieden in ihre Aufzeichnungen.
»Mademoiselle!«
Marie fuhr hoch. Neben ihrem Tisch stand der junge Marokkaner. In diesem Moment begann der Muezzin in der Moschee gegenüber mit mächtiger lautsprecherverstärkter Stimme zum Gebet zu rufen, so daß sie nicht verstand, was der Marokkaner sagte. Er blieb stehen und wartete. Minuten vergingen. Sie schaute zu ihm hin und dachte, daß er anders aussah als die dreisten jungen Männer, die sie in Marrakech ständig belästigt hatten. Wieder sagte er etwas. Die beiden Amerikanerinnen am Nebentisch starrten. Die Situation war ihr peinlich.
»Nehmen Sie doch einen Moment Platz«, sagte Marie. Sie bot ihm eine Zigarette an und fragte höflich: »Trinken Sie auch einen Pfefferminztee?«
»Nein, lieber einen *café au lait*.«
Sofort gab er dem Kellner an der Bar ein Zeichen. Es war ein älterer, magerer Mann mit schlechten Zähnen. Die beiden wechselten ein paar Worte auf arabisch. Der Kellner lächelte servil, nahm die leere Teekanne und verschwand, bevor Marie etwas bestellt hatte. Kurz darauf brachte er den Kaffee.

»Das ist der Besitzer«, flüsterte der junge Marokkaner. »Ein guter Mann.« Dann setzte er sich steif auf, um sich vorzustellen. Marie verstand seinen Namen nicht. Er zog eine Streichholzschachtel mit Schmetterlingsmuster aus der Tasche, griff nach ihrem Stift und umrankte die orangefarbenen Insektenflügel mit arabischen Hieroglyphen. »Ab-der-rah-man«, buchstabierte er. »Aber alle nennen mich Abdou.«

Er sprach sehr gut Französisch, durchsetzt mit englischen Brokken. Marie erfuhr, daß er in der Medina – er zeigte zum Dächermeer der Altstadt – zu Hause war. »Hier finden die meisten Jugendlichen nach der Schule keine Arbeit«, erklärte er. »Höchstens Geschirrspülen im Club Méditerranée oder Jobs auf der Straße.«

»Und was machen Sie?« fragte Marie.

»Mal dies, mal das«, antwortete er ausweichend.

»Also könnte ich Sie als falschen Führer engagieren?«

Er schüttelte den Kopf. »Die Polizei«, murmelte er und zeigte zum Platz hinunter. »Sehen Sie dort, wo die Musiker spielen, die beiden Männer in Zivil? Das sind Flics, die schleppen gerade einen Illegalen ab ins Kommissariat.«

»Aber die falschen Führer stehen doch den ganzen Tag am Djemaa el Fna, sichtbar für jedermann!«

»Die haben ihre Vereinbarungen mit der Polizei. Täglich hundert Dirham Schmiergeld, dann läuft's.« Er verzog verächtlich das Gesicht.

»Hundert Dirham? Soviel können Führer doch kaum verdienen.«

»O doch, die stecken Hunderte ein, vor allem über Provisionen in den Basaren.«

Marie war beeindruckt. Endlich erfuhr sie etwas aus erster Hand! Endlich ein Einheimischer, der nicht sofort ein Geschäft machen wollte! Ein Glücksfall für ihre Recherchen, dachte sie und nahm sich vor, Abdou zu bitten, ihr das »wahre« Marrakech zu zeigen, jene Orte, die den Fremden verborgen bleiben. Sie verriet ihm, daß sie für eine Zeitschrift arbeitete. Daraufhin zählte er die Bücher amerikanischer und russischer Schriftsteller auf, die er gelesen hatte. »Auch Lenins Theorie der Revolution«, flüsterte er.

Längst hatte der kühle Wind die letzten Gäste von der Terrasse vertrieben, als er ihr umständlich den Inhalt von »Einer flog über das Kuckucksnest« erzählte, ein Roman, den er zerfleddert auf irgendeinem Markt gefunden hatte.
Marie fröstelte. Plötzlich merkte sie, daß es dunkel geworden war. Sie schaute sich um. Sie waren allein.
»Ich muß gehen«, sagte sie erschrocken, packte das Notizbuch und die Streichholzschachtel mit den orangefarbenen Schmetterlingsflügeln hastig in ihre Handtasche, stand auf. Das finstere Treppenhaus. Die Stimmen hinter der Tür waren jetzt sehr laut. Abdou begleitete sie bis an den Rand des Djemaa el Fna, auf dem nur noch kleine Grüppchen abenteuerlicher Gestalten herumstanden. Eine steife, förmliche Verabschiedung. Sie sahen sich an. Kein Lächeln. »Bis übermorgen«, sagte Marie.

2.
Sie traf ihn auf der Terrasse. Er saß mit seinen Freunden zusammen und rauchte. Als er sie kommen sah, sprang er auf und rückte für sie einen Stuhl zurecht. Marie bestellte zwei *cafés au lait*. Aus den Augenwinkeln beobachtete sie ihn, wie er mit seinen Freunden redete. Viel älter als zwanzig war er bestimmt nicht. Vielleicht dreiundzwanzig. Sie rechnete den Altersunterschied aus. Verdammt, Marie, halte dich an die Recherchen!
Es war ein leuchtender Morgen. Die *Souks* in der Medina vibrierten schon vor Geschäftigkeit, und Marie ging so leichtfüßig und jung neben Abdou her wie ein verliebtes Schulmädchen. »*La Gazelle*«, riefen ihr die Händler fröhlich nach und boten ihr Kupferkessel, Berberschmuck und Kaftane zum Kauf an, und sie lächelte zurück. An der Seite des Marokkaners fühlte sie sich sicher im Gewirr der grellbunten, lärmerfüllten Basargassen, sie ließ sich treiben in der betörenden Sinfonie aus tausend Bildern, Tönen und Düften.
Plötzlich bog Abdou in ein Seitentor ein. Abrupt hörte der Lärm auf, die Menge war verschwunden. Sie erblickte winzige ebenerdige Kammern zur Straße hin, kaum schrankgroß, wo Männer mit Händen und Füßen Holzteile bearbeiteten, Leder bestickten oder Kupferplatten ziselierten, während im Hintergrund ein

Transistorradio näselte. Dann gelangten sie in enge Gassen mit hohen blinden Mauern, hinter denen sich die Häuser verbargen, ein Labyrinth dunkler Pfade, die sich wanden, durchkreuzten und gabelförmig teilten, nirgendwo ein Straßenschild oder Markierungspunkt, an den Marie sich hätte halten können, nur hier und da an einer Tür die bronzene Hand der Fatima gegen den »bösen Blick«. Abdou führte sie in einen *Fondouk*, wo früher Karawanen rasteten, und in eine Backstube im Kellergewölbe; er zeigte ihr die steinernen Troge der Wäscherinnen in einem versteckten Hof, und als sie endlich auf dem dreieckigen Gewürzmarkt Rahba Kedima landeten, atmete sie erleichtert auf.
»Wollen Sie mein Haus sehen?« fragte Abdou.
O ja, das wollte sie. In der Mittagssonne war es jetzt glühend heiß. Sie stießen auf eine belebte schnurgerade Straße mit allerlei Marktständen. »Hier ist es«, sagte er.
Er öffnete eine unscheinbare, schwere Pforte. Dahinter ging es sieben steile Stufen hinunter zu einem dunklen Vorplatz. Eine Wendung nach rechts, und auf einmal stand sie im Licht eines gekachelten Innenhofs, um den sich fensterlose Kammern gruppierten. Zwei junge Mädchen erschienen. »Meine Schwestern Aisha und Amina«, stellte Abdou vor. Sie umarmten und küßten Marie zur Begrüßung, und schon waren sie wieder fort.
Eine Klapptür trennte Abdous Kammer vom Hof. Er bat sie, neben ihm auf einer niedrigen Liege Platz zu nehmen. Sie setzte sich kerzengerade auf die Kante und schaute sich um. In der Mitte stand ein Bambustisch, gerahmt von einer zweiten Liege. Bunte Decken verhüllten die Wände. An einem Haken hingen Hosen, Hemden, ein Ausgehanzug. Ihr Blick fiel auf ein Gemälde, das einen stattlichen Orientalen in *Dschellabah* darstellte.
»Ein Porträt meines Vaters«, erklärte Abdou. »Er war ein angesehener Mann. Ein guter Tischler. Er ist schon vor vielen Jahren gestorben.«
Marie erfuhr, daß in den anderen Kammern die Mutter, die beiden Schwestern und ein jüngerer Bruder, ein Schwager und ein kleiner Neffe wohnten. Abdou stand auf und ging zwei Schritte zu seinem Radiorecorder hinüber, der auf einem Podest neben der Klapptür thronte, liebevoll dekoriert mit Bildern und Andenken. Über dem

Recorder hing das Foto eines schönen marokkanischen Mädchens.
»Das ist meine Braut«, sagte Abdou beiläufig, während er unter seinen drei oder vier Kassetten nach einer Bruce-Springsteen-Aufnahme suchte.
Marie spürte einen Stich, der ihr lächerlich vorkam und dessen sie sich sofort schämte. »Sie ist sehr schön«, sagte sie.
Abdou richtete sich ärgerlich auf. Die Kassette war nicht da. »Mit ihr kann ich nicht reden«, gab er zurück. Zwischen seinen Augenbrauen bildete sich eine steile Falte, als er abfällig hinzufügte: »Die marokkanischen Mädchen sind dumm. Sie verstehen überhaupt nichts von Musik, von Politik, von Literatur.«
Marie schwieg. Nach einer Weile fragte sie: »Wo bewahren Sie denn Ihre Bücher auf?«
»Unterm Bett, die hält man besser vor der Polizei versteckt.«
Er schaute sie kurz an, in seinen Augen wieder der düstere Ernst. »Ich könnte etwas Orangensaft besorgen lassen, wenn Sie es wünschen.« Und, nach einer Pause: »Allerdings müßten Sie das Geld auslegen, ich habe gerade nichts, sie kriegen es morgen zurück.«
Sie gab ihm einen Hundert-Dirham-Schein.
Er stieß die Klapptür einen Spalt auf und rief einen Namen. Vom Hof fiel etwas Licht in die dämmrige Kammer. Niemand kam. Abdou sprang ungeduldig hinaus. Marie hörte Schritte. Worte wurden gewechselt. Nach zwei Minuten kehrte er zurück: »Meine Mutter ist nach Hause gekommen. Ich muß für sie etwas erledigen. Bitte entschuldigen Sie mich.«
»Oh, das macht doch nichts«, sagte Marie. Sie stand auf und verabschiedete sich.

3.

Drei Tage später fuhr Marie mit einem Kollegen nach Quarzazate. Während der langen Autofahrt kehrten ihre Gedanken immer wieder zu Abdou zurück. Sie wurde nicht schlau aus ihm. Mal schwärmte er von Amerika und dem westlichen Lebensstil, mal schimpfte er über die Europäer, die Marokko wie ihren Garten benutzten. Dann wieder sprach er flüsternd über die Revolution. Mehdi Ben Barka hieß sein Held, ein marokkanischer Sozialist, der vor Jahrzehnten im französischen Exil entführt und ermordet worden war. In den Gemäuern des *Fondouk*, unter dem Gehämmer einer Schmiedewerkstatt, hatte er ihr erzählt, daß Ben Barka noch immer vom Volk verehrt werde. Auch seine Mutter verehre ihn. Auch wenn sie Analphabetin sei und noch den *Tschador* trage. Dann hatte er sich verstohlen umgesehen und geflüstert: »Die Wände haben Ohren.«

Die Angst schien allgegenwärtig zu sein, dachte Marie. Gestern abend auf der Terrasse, als sie mit Abdou und seinen Freunden zusammensaß und redete, zeigte er auf die Kif-Zigarette, die er abgeschirmt unter dem Tisch hielt. »Ohne das da würde ich explodieren!« sagte er leise zu ihr, und die anderen nickten. Manchmal träumte Abdou auch davon, Marokko zu verlassen. »Aber sie lassen einen hier nicht raus«, zischte er, »sie geben dir keinen Paß – das kostet viel, viel Geld.«

Da platzte der Kollege in Maries Gedanken. Wegen der heruntergekurbelten Fenster war der Fahrtwind so stark, daß sie seine Worte nicht verstehen konnte. Sie strich sich die zerzausten Haare aus dem Gesicht. Natürlich wollte der Kollege wissen, wie sie vorankam. Das Gespräch war ihr lästig. »Es geht«, antwortete sie zurückhaltend. »Es reicht gerade mal für den ersten Satz: ›Die jungen Männer von Marrakech sitzen die meiste Zeit untätig auf Caféterrassen herum und kiffen.‹« Er lachte. Sie fuhren an Palmenwäldern entlang, überholten Eselskarren und Frauen, die riesige Bündel Holz auf ihrem Kopf transportierten. Nachdem sie die Berberburgen von Aït Benhaddou passiert hatten, erzählte Marie doch noch ein bißchen von Abdou.

»Dieser junge Marakkschi ist mir suspekt«, meinte der Kollege zum Schluß. »Sie sollten vorsichtiger sein.«

Vor ihnen tauchte, leuchtendrot im Abendlicht, die Kasbah von Quarzazate auf.

4.

Drei Tage verstrichen, bis Marie nach Marrakech zurückkehrte. Es war schon dunkel, als sie zur Terrasse eilte. Auf der Straße vorm Eingang hielt sie ein Einheimischer auf, der sie mit einem verschlagenen Grinsen von Kopf bis Fuß musterte. Er behauptete, Abdou sei mit einem Mädchen in die Disco gegangen. Sie glaubte es nicht und stieg trotzdem hinauf. Der Typ folgte ihr. »*Imchi*«, schrie sie im finsteren Treppenhaus, so laut sie konnte, »hau ab!« Eine Tür wurde einen Spalt weit geöffnet, Licht huschte über die fleckige Wand, sie hörte eine Männerstimme. Als sie sich umdrehte, war der Typ verschwunden. Sie rannte nach oben, doch tatsächlich war niemand da, die Terrasse wie ausgestorben. Wahrscheinlich ist es schon zu spät, überlegte Marie. Hastig zog sie ein großes Seidentuch aus der Tasche, unter dem sie ihre hellen Haare verbarg, und kehrte um. Die Königin-Phantasie half ihr, fast unbehelligt den Djemaa el Fna zu überqueren, wo zu dieser Stunde die Familien der Schausteller, reisende Berber und Nomaden im Schein der Karbidlampen zu Abend aßen.

In der Nacht schlief Marie schlecht. Sie träumte, ihre kleine Tochter wäre in einen tiefen Brunnen gesprungen, um Mamas silberne Armreifen herauszufischen, die jemand achtlos hinuntergeworfen hatte. Juchzend und völlig unbekümmert schwamm die Kleine dort unten in der tiefsten Tiefe herum, während es doch für alle klar war, daß es keinen Weg gab, das Kind aus dem hundert Meter tiefen, kaum mannsbreiten Brunnenschacht zu retten... Marie erwachte schweißgebadet mit einem brennenden Schuldgefühl. In Wirklichkeit war ihre Tochter schon dreizehn und sicher beim Papa aufgehoben, sagte sie sich vor, doch sie konnte trotzdem nicht wieder einschlafen. Gegen halb fünf begann der Muezzin zum Gebet zu rufen. Sie lauschte seinem Gesang, der sich von Minarett zu Minarett vervielfältigte wie ein Echo mit verschiedenen Stimmen, unwirklich und betörend schön, so daß Marie nicht sicher war, ob sie noch träumte.

Am Abend ging sie wieder, magisch angezogen, zur Terrasse. Sie trug das schwarze bestickte Gewand, und die Haare fielen ihr offen über die Schultern. Als Abdou sie kommen sah, fing er sie noch vor dem Tisch seiner Freunde ab.

»Gehen wir?« sagte er zu ihr, und sie nickte.

Im Treppenhaus, auf halber Höhe, blieb er plötzlich stehen und drehte sich nach ihr um. »*You missed me?*« fragte er mit eindringlicher Stimme.

Marie war maßlos überrascht. Nicht nur wegen der englischen Redewendung. Sie lächelte ihn an und hauchte ein wahrheitsgetreues »*Oui*«.

Als Abdou hinter dem Café in die Medina einbog, wurde ihr bewußt, daß sie nicht einmal gefragt hatte, wohin es denn gehen sollte. Es war ihr egal. Sie erkannte die schnurgerade Straße mit den Marktständen wieder, die jetzt, im purpurnen Licht der untergehenden Sonne, geradezu barst vor hektischer Betriebsamkeit. Schweigend liefen sie auf dem staubigen Weg nebeneinander her, ein Meter Abstand zwischen ihnen. Häufig mußten sie Mulis, Motorrädern und Frauen mit schweren Lasten ausweichen. Abdou wirkte sehr ernst. Den feixenden Händlern am Straßenrand rief er ab und zu aggressiv einen Satz auf arabisch zu. Er schien jeden Händler zu kennen.

»Hier sind wir«, sagte er und stieß die schwere Holzpforte auf. Im Haus war es ganz still. Sie passierten den Innenhof, der schon im Dämmerlicht lag. Die Klapptür vor Abdous Kammer war halb angelehnt. »Komm«, sagte er sanft. Und dann war sie in seinen Armen. Alles ging so schnell, daß sie nicht imstande war, einen einzigen klaren Gedanken zu fassen. Er preßte sie an sich und küßte sie und flüsterte ihr ins Ohr: »Willst du meine Frau sein?«

Die Frage ernüchterte Marie auf der Stelle, und sie machte sich los. »Abdou«, sagte sie ein bißchen verzweifelt, »das geht nicht. Ich bin schon verheiratet.«

Er schaute sie sprachlos an. Dann zündete er mechanisch die Kerzen an, griff unter die Liege und zog ein Stückchen Haschisch hervor. Er setzte sich und begann, den Stoff auf dem Bambustisch zu zerbröseln und mit Tabak zu vermischen. Noch einmal bückte er sich, um unterm Bett nach den versteckten Papierblättchen zu suchen. Während er den Joint drehte, bombardierte er Marie, die sich auf den Boden gehockt hatte, mit Fragen. »Und wo ist dein Mann? Warum bist du allein hier? Warum trägst du keinen Ring? Hast du auch Kinder?«

Marie versuchte, ihm alles zu erklären.

»Wenn du einen Mann hast, kann ich nicht mit dir schlafen«, sagte Abdou. Er reichte ihr den Joint herüber. Sie nahm einen tiefen Zug – den ersten seit Jahren. Ich will doch gar nicht mit ihm schlafen, dachte sie und fühlte die Sehnsucht nach seiner Berührung, nach

seinen Händen auf ihrer Haut so überwältigend, daß ihr übel wurde. Sie sah ihn an, seine aufsässigen Augen.
»Komm her«, sagte er.
Mit einer heftigen Bewegung warf er sich auf Maries Körper. »Angezogen geht es«, murmelte er und rieb sich in Jeans und T-Shirt an ihrem langen schwarzen Kleid. Sie sah seine Augen nicht mehr. Sie fühlte keine Haut. Er stöhnte. Man hörte Stimmen auf dem Hof.
Nach einer Weile stand Abdou auf und ging hinaus. Eine Unruhe war vor der Kammertür, ein Hin und Her von Schritten, ein gedämpftes Palaver im Patio. Marie erkannte den Klang seiner Stimme, er sprach lauter als die anderen. Sie zündete sich eine Zigarette an, strich das Kleid zurecht, kämmte mit den Fingern durchs Haar. Ich werde mir alles genau einprägen, sagte sie sich, um sich zu beruhigen. Plötzlich stutzte sie. Das Stilleben beim Radiorecorder sah anders aus als vorher. Sie betrachtete aufmerksam jedes Detail. Da wußte sie es: Das Foto von dem schönen marokkanischen Mädchen war verschwunden.
Abdou brachte eine Kanne heißen Pfefferminztee. Mehrmals schüttete er das köstlich duftende Gebräu hin und her, bis er den Tee aus gewagter Höhe einschenkte. Während sie tranken, spürte Marie auf einmal, wie hungrig sie war. Abdou erzählte von seinem Vater. Im Krieg habe er auf französischer Seite gekämpft und sei in deutsche Gefangenschaft geraten. Dann habe ihm eine Deutsche zur Flucht verholfen. Er bat sie um eine Zigarette und lächelte sie an. Nach dem Krieg, fuhr er fort, habe sein Vater eine Berberin geheiratet. »Meine Mutter.« Und ohne die Tonlage auch nur im geringsten zu ändern, fügte er hinzu: »Sie möchte dich zum Couscous einladen.«
»Aber sie kennt mich doch gar nicht«, sagte Marie vollkommen überrascht. »Wann denn?«
»Übermorgen. *Si tu veux.*« Wieder lächelte er sein Lächeln.
»Sehr gern, vielen Dank«, sagte Marie beschämt.
Es war schon fast Mitternacht, als sie aufbrachen. In den Gassen der Medina war es so finster, daß man keine Hand vor Augen sah. Beinahe wäre Marie über schlafende Bettler gestolpert, die entlang der Mauern ihr Nachtlager bereitet hatten. Als sie sich an die Fin-

sternis gewöhnt hatte, sah sie vermummte Gestalten auf dem Erdboden hocken. Im Schutz der Nacht hatten sie ihre paar Habseligkeiten wie auf einem Flohmarkt ausgebreitet und feilschten mit anderen Habenichtsen um einen hoffnungslosen Vorteil. Schemenhaft nahm sie alte zerlumpte Männer wahr, die in Abfallbergen wühlten. Katzen strichen um sie herum und maunzten im Müll.
»Das ist sie, *la vérité*«, kommentierte Abdou.
Marie fühlte sich ins schwärzeste Mittelalter versetzt. Paß auf, daß du keinen Fehler machst, sagte sie sich. Du kennst die Regeln nicht. Auch nicht ihre elementaren Gefühle. Schon ein kleiner Fauxpas könnte dich das Leben kosten. Sie hatte plötzlich Angst vor dem unbekannten Abdou. Auch jetzt ging er mit einem Meter Abstand neben ihr her, und als sie am Rande des Djemaa el Fna ankamen, verabschiedete er sich abrupt per Handschlag von ihr und verschwand blitzschnell in der stockdunklen Nacht.
Marie brauchte ihren ganzen Mut, um den menschenleeren Platz zu überqueren, der sich wie eine riesige schwarze Wüste vor ihr ausbreitete. Natürlich ging es schief. Ein Motorradfahrer folgte ihr, umkreiste sie grinsend, dreist, wurde immer anzüglicher. Plötzlich tauchte Abdou wie aus dem Nichts auf, mit einem Fahrrad, weiß der Himmel, woher er es hatte, und vertrieb den Burschen, drehte sich ständig vorsichtig witternd um, als wäre er der Verfolgte, während er ihr vorausfuhr, bis sie in Sicherheit war...

5.

Zum erstenmal ging Marie allein durch die schnurgerade Händlerstraße der Medina, in der Tasche kleine Geschenke für die Familie. Sämtliche Bewohner des Viertels schienen auf diesem staubigen Weg unterwegs zu sein, um vor Einbruch der Dunkelheit noch rasch etwas zu erledigen, und Marie konnte sich nicht vorstellen, daß es dieselbe Gasse war, in der sie nachts die Bettler und vermummten Gestalten gesehen hatte. Sie freute sich auf das Couscous-Essen. Hundert Meter vor der unscheinbaren Pforte stand Abdou an eine Mauer gelehnt und wartete auf sie.
»Wie schön du bist«, sagte er, »wie eine Blume.«
In der Kammer überreichte er ihr einen silbernen Ring, der einen orangeroten Stein trug in der Form eines tropfenden Herzens.

»Ich liebe dich«, sagte er feierlich, »und der Ring bedeutet, daß ich für immer dein Freund sein werde – was auch geschehen mag.«
Es ist doch alles gut, dachte Marie, meine Zweifel waren ungerecht. In einem Augenblick vollkommener Stille sahen sie sich an, und Marie spürte, wie der Boden unter ihren Füßen zu schwanken begann. Er bemerkte das Erröten ihrer Wangen, das leichte Taumeln ihres Körpers und blickte sie unverwandt mit einem wilden, entschlossenen Ernst an. Marie fühlte sich wehrlos ihrem Verlangen ausgeliefert, und er wußte es.
»Komm her«, sagte er rauh.
Wieder legte er sich angezogen auf Marie. Seine rhythmischen Bewegungen. Sein Stöhnen. Sein Gesicht in ihren Kleidern. Nach einer Weile sagte Marie leise: »Abdou, bitte, hör auf. Ich halte das nicht mehr aus!«
Er setzte sich auf. Mit dem Unterarm wischte er sich den Schweiß von der Stirn. Als er sich zu ihr umdrehte, erschien die steile Falte zwischen seinen Augenbrauen.
»Liebst du deinen Mann?«
Sie bejahte es.
»Hast du ein Foto von ihm?«
Sie öffnete ihre Tasche und gab es ihm.
Er beugte sich lange über das Bild. Legte es auf den Tisch. Nahm es wieder zur Hand. Dann sagte er mit einem eigentümlichen Pathos: »Jetzt weiß ich Bescheid.« Und nach einer Pause: »Ein schöner Mann. Sehr stark. Ich fürchte mich vor seinem Zorn.«
Erschrocken vernahm Marie den fremden Klang seiner Worte. Sie legte das Foto zurück in ihre Tasche und beobachtete ihn, wie er, das Gesicht in die Hände gestützt, vor sich hinbrütete.
»Abdou«, sagte sie mit großem Nachdruck, »ich bin nicht das Eigentum meines Mannes! Wir respektieren einander als eigenständige Menschen. Du hast nichts zu befürchten!«
Er schüttelte nur unwillig den Kopf. Es war sinnlos, ihm etwas aus ihrem Leben erklären zu wollen. Er verstand es einfach nicht. Und wie sollte Marie auch begreiflich machen, daß sie in Flammen stand, obwohl sie glücklich verheiratet war? Ich habe vom ersten Moment an versucht, das Verbotene wegzudrücken, dachte sie, indem ich mich an meinen Job klammerte. Vergeblich. Doch auch

sie hatte Angst. Sie fürchtete sich vor seinem patriarchalischen Besitzanspruch. Vor dem fremden Ehrenkodex des Moslem, auch wenn er in Jeans und Turnschuhen herumlief und selten in die Moschee ging.
Abdou sprang auf, es hatte geklopft. Mit einer lässigen Bewegung stieß er die Flügel der Kammertür auf. Es waren seine Schwestern und sein jüngerer Bruder. Zögernd traten sie in das dämmrige Zimmer. Aisha und Amina umarmten Marie, küßten ihre glühenden Wangen, deren sie sich peinlich bewußt war. Während Aisha begann, mit einem strahlenden Lächeln von ihrem kleinen Sohn Saïd zu erzählen, der gerade laufen lernte, tastete Marie unauffällig nach ihren Sandalen, die noch wie Male der Sünde vor der Liege standen. Aziz, der Bruder, nutzte eine Gesprächspause, um sich mit seiner Schule einzubringen. Er steckte mitten in den Prüfungen zum Abitur. Ausführlich schilderte er die finanziellen Opfer, die von der ganzen Familie für seine Ausbildung aufgebracht werden mußten.
»Unsere Mutter hat nie eine Schule besucht«, unterbrach ihn Abdou ungeduldig. »Sie spricht auch kein Französisch. Sie kann nur *merci* sagen.« Er stand auf, um nach ihr zu schauen.
Kurz darauf gingen auch die Schwestern. Marie blieb mit Aziz allein. Er trug ein pastellfarbenes Hemd und eine Tuchhose. Alles an ihm wirkte heller als bei Abdou, die gewellten Haare, die Augen, die Mentalität. Er lächelte und starrte sie an. Marie überlegte, was sie mit ihm reden konnte, und fing ohne sonderliche Aufmerksamkeit an, ihn über das marokkanische Schulsystem auszufragen.
Plötzlich erschien im Türrahmen eine schmale Frau, in einen langen, weiten *Haik* gehüllt, die Haare unter einem Tuch verborgen. In ihrem Rücken Abdou. Marie brach mitten im Satz ab, erhob sich und machte einen Schritt auf die kleine zarte Person zu. Das Herz schlug ihr bis zum Hals.
»Meine Mutter«, stellte Abdou vor. »Sie heißt Latifa.«
Zur Begrüßung umarmten und küßten sie einander, wie es sich unter Frauen in einer Familie gehörte. Marie sah, daß sie immer noch schön war.
Latifa ging scheu um den Bambustisch herum und setzte sich ihr

gegenüber in die äußerste Ecke. Abdou nahm neben seiner Mutter Platz. Leise begann sie zu sprechen.
»Sie bedankt sich für die Geschenke«, übersetzte Abdou. »Die Pralinen wird sie ihrem Enkel zum Geburtstag schenken.«
Marie blickte in ihr unbewegtes Gesicht. Latifa fixierte einen Punkt an der Wand und schaute an Marie vorbei.
»Sie entschuldigt sich dafür«, fuhr Abdou fort, »daß sie keinen Couscous, sondern nur eine Pfanne mit Rührei und Tomaten zubereiten kann, weil sie zu spät von der Arbeit auf unserer Farm zurückgekehrt ist.«
»Auf eurer Farm?« wiederholte Marie sprachlos vor Überraschung.
Aziz, der an der kurzen Seite des Tisches hockte, beobachtete aufmerksam seinen älteren Bruder. Abdou schwieg.
»Es ist eine kleine Farm, sechzig Kilometer von Marrakech entfernt«, sagte Aziz. »Sie nimmt jeden Morgen sehr früh den Bus und fährt abends zurück.«
»Und warum helft ihr eurer Mutter dort nicht?« fragte Marie.
Die Brüder lachten.
»Das ist keine Arbeit für einen jungen Mann«, entgegnete Abdou.
Latifa murmelte kaum hörbar ein paar arabische Sätze.
»Sie ist manchmal ärgerlich auf mich«, übersetzte Abdou amüsiert, »daß ich nicht mit ihr aufs Land fahre.«
Damit hatte die Mutter ihre kleine Rede auch schon beendet und verabschiedete sich. Als sie hinausging, dachte Marie: Sie hat mir nicht ein einziges Mal in die Augen gesehen.
Sofort sprang Abdou auf und suchte unter dem Bett nach den Papierblättchen. Dann begann er, einen Joint zu drehen. Marie zündete sich eine Zigarette an. Als sie das Streichholz hielt, bemerkte sie, daß ihre Hände zitterten. Sie fühlte sich verkrampft und aufgeregt. Die Begegnung mit der Mutter hatte eine unangenehme Gefühlsmischung aus Scham und Schuld in ihr wachgerufen.
Was tue ich hier eigentlich? fragte sich Marie. Gedankenverloren starrte sie dem Rauch hinterher. Sie erschrak, als Abdou plötzlich ihren Arm berührte, um ihr den Joint zu reichen. Sie schaute ihn an. Sein rebellisches Gesicht. Seine dunklen Augen, die einen Au-

genblick zu lange in ihren untertauchten. Wieder fühlte sie die Sehnsucht, stärker als alles andere. Sie nahm einen tiefen Zug. Ich muß mich unbedingt entspannen, dachte sie. Während sie noch die Luft anhielt, gab sie den Joint an Aziz weiter.

Nach einigen Minuten brachte Amina eine dampfende Pfanne mit Eiern und Tomaten, dazu ein flaches, rundes Brot und eine Kanne Pfefferminztee. Marie griff in ihre Tasche, um die mitgebrachte Flasche Rotwein auf den Tisch zu stellen.

»Moslems trinken keinen Wein!«

Verwundert starrte sie Abdou an. Seine Stimme klang streng und fremd. Es war das erste Mal, daß er sich Marie gegenüber als Moslem bezeichnete.

»Wir rauchen lieber Haschisch«, fügte er versöhnlich hinzu, als wäre es nur eine Geschmacksfrage.

Sie aßen allein. Es gehörte sich nicht, erklärten die Brüder, daß Mutter und Schwestern die Mahlzeit mit einem Gast teilten. Bestecke oder Teller gab es nicht. Sie tunkten das Brot brockenweise in die Pfanne, um Eier- und Tomatenstückchen herauszufischen.

»Nur mit der rechten Hand«, schärfte ihr Abdou ein und zeigte ihr, wie sie es geschickter anstellen konnte. Aber Maries Hände zitterten immer stärker, und ihre Arme schmerzten.

»Ich drehe uns noch einen Joint«, sagte Abdou. Während die Kif-Zigarette kreiste, wurde er immer lustiger und alberte mit Aziz. Marie aber konnte auf einmal kein Wort Französisch mehr verstehen. Sie begriff nur, daß die Gegenstände im Zimmer lebendig geworden waren und sich unvorhersehbar bewegten. Panisch beobachtete sie den bedrängenden Gang der Dinge um sie herum, hörte das Kichern der Brüder, und der Kopf wurde ihr so groß und schwer, daß sie ihn nicht halten konnte. Sie wollte Abdou sagen, daß es ihr schlechtging, aber sie konnte auch nicht mehr sprechen. Mit Entsetzen nahm sie wahr, daß sie ihn kaum noch erkannte. Er sah aus wie ein uralter Weiser.

»Du mußt aufstehen«, hörte sie seine Stimme wie aus weiter Ferne.

Aber Marie konnte auch nicht mehr laufen. Unmöglich, auf die Füße zu kommen vor lauter Zittern. Abdou hielt sie am Arm und

übte mit ihr ein paar Schritte im Zimmer. Es ging nicht. Ihre Beine waren wie gelähmt, und die Knie sackten ihr weg.
»Du kannst hierbleiben und bei uns wohnen«, sagte er sanft. »Das ist billiger als im Hotel. Du brauchst unserer Familie nur ein bißchen Geld zu geben.«
»Nein, nein«, brachte Marie erschrocken hervor.
Sie wußte nicht, wieviel Zeit vergangen war. Aziz war verschwunden. Die Gegenstände standen wieder an ihrem Platz. Kerzen brannten. Da war ihre Tasche. Und als sie Abdou anschaute, war es wieder sein schönes, wildes Gesicht. Sie hätte es gern ein einziges Mal gestreichelt.
Als sie wieder ein bißchen gehen konnte, brachte er sie den langen nächtlichen Weg durch die Medina zurück.

6.
Und dann kam jener Tag, an dem sie wußte, daß es passieren würde. Passieren mußte. Sie war in El Jadida gewesen. Während sie mit einigen Kollegen die ummauerte Portugiesenstadt und eine unterirdische Zisterne besichtigte, kehrte die Sehnsucht mit einer solchen Macht zurück, daß ihr schwindlig wurde und sie sich an einer Mauer anlehnen mußte. Besorgte Blicke der Kollegen. Seit drei Tagen hatte sie ihn nicht gesehen. Drei Tage hatte sie es ausgehalten, die Terrasse jenseits des Djemaa el Fna zu meiden. Doch ihr Verlangen war so groß geworden, daß sie an nichts anderes mehr denken konnte. Auf der langen Rückfahrt stellte sie sich vor, wie sie ihn verführen würde. Sie würde sich langsam ausziehen, egal, ob die Kammertür zum Hof hinaus unverschlossen war; sie würde sich nackt aufs Bett legen, lockend wie eine Hure, und mit einem Beben in ihrer Stimme würde sie ihn bitten, die Glut ihres Körpers zu löschen...
Es war noch sehr warm, als sie im leuchtendroten Abendlicht über den Djemaa el Fna eilte. In drei Tagen würde Ramadan beginnen, der islamische Fastenmonat. Eine dumpfe Schläfrigkeit würde sich von Sonnenaufgang bis Sonnenuntergang wie ein Schleier über die Stadt senken, doch am Abend würde der »Platz der Gehenkten« vor Lebenslust explodieren, und die Straßen der Medina wären die ganze Nacht hell beleuchtet. Dann werde ich schon fort sein,

dachte Marie, und sie konnte sich nicht vorstellen, daß die magischen Dudelsacktöne der Flöten, das Trommeln der Tamburine und die betörenden Jahrmarktszenen so bald aus ihrem Leben verschwinden würden. Alles das existierte weiter ohne sie. Die Terrasse über dem Dächermeer. Die unscheinbare Pforte in der schnurgeraden Händlerstraße. Und auch er, Abdou. Der Gedanke schmerzte sie bis in ihre Eingeweide. Vielleicht, dachte sie, fühlt man sich so ähnlich, wenn man weiß, daß man sterben muß... Es war, als ob der Geschmack der Endlichkeit ihr Verlangen nur noch beflügelte. Sie wußte nicht mehr, was in der Welt geschah. Das war auch egal, wenn morgen alles zu Ende sein würde. Es gab nur noch das eine, diese Begierde, die sie verzehrte. Sie mußte mit ihm schlafen, jetzt sofort, als wäre es das einzige Mittel, noch einmal mit dem Leben davonzukommen.

Auf der Terrasse erwartete er sie schon. Sie nahm sich nicht die Zeit, seine Freunde zu begrüßen. Sofort wandte sie sich auf den Absätzen um, und er folgte ihr. Keiner sagte ein Wort, während sie durch das finstere Treppenhaus hinunterstiegen. Noch nie waren die Stimmen so laut gewesen, sie hörte Geschrei und Gelächter hinter undefinierbaren Türen. Schweigend und mit Abstand liefen sie durch die staubige Gasse, vorbei an den kleinen Läden, Werkstätten und Marktbuden, und beinahe hätten sie sich im hektischen Getümmel verloren.

Im Haus war es still und dunkel. Er stieß die Kammertür auf. O nein, sie brauchte sich nicht auszuziehen, das besorgte er selbst. Mit jener Heftigkeit, die er vorher so gut beherrscht hatte, riß er ihr langes Kleid und ihr schwarzes Seidenhemd herunter, daß es keiner obszönen Pose bedurfte. Sie öffnete den Gürtel seiner Jeans, liebkoste seinen flachen jugendlichen Bauch und küßte inbrünstig sein aufgerichtetes Geschlecht. Und dann stürzten sie wild ineinander, viel zu ausgehungert und aufgepeitscht, und mit einem unterdrückten Stöhnen kam er sofort.

Er blieb nur einen kurzen Augenblick bei ihr liegen, dann sprang er auf, säuberte sich verstohlen in einer Zimmerecke und streifte sich rasch ein Hemd über. Auf dem Hof war es lebendig geworden. Er steckte den Kopf zur Tür hinaus und rief etwas auf arabisch. Eine helle Stimme antwortete.

Marie suchte ihre Kleider auf dem Boden zusammen und zog sich an. Ich hätte die ganze Nacht mit ihm gebraucht, um mich abzukühlen, dachte sie. Für sie hatte es gerade erst begonnen, für ihn war es schon zu Ende. Die Frau als Gefäß männlicher Sexualität – so war es nicht nur in Marokko. Sie begriff, daß er noch gar nichts von der Sinnlichkeit der Frauen wußte und von der Kunst der Liebe. Sie hätte es ihn gern gelehrt. Aber vielleicht gab es in dieser Stadt der Moslems überhaupt keinen Ort für die Leidenschaft zwischen Mann und Frau. Für die Faszination des Fremden, dem sie verfallen waren, ohne es einander zeigen zu dürfen.
»Adieu, mein Freund«, sagte sie am Rande des Djemaa el Fna. Es war noch nicht einmal zehn Uhr.
»Adieu«, sagte er, und zum erstenmal umarmte und küßte er sie zum Abschied.

Am nächsten Morgen wird sie ihn noch einmal auf der Terrasse treffen. Er hat sie um ein kleines Abschiedsgeschenk gebeten.
»Nicht für mich – für meine Familie, verstehst du. Eine kleine Unterstützung für unsere Gastfreundschaft.«
Sie wird ihm einen Umschlag für Latifa überreichen.
»Ich werde wiederkommen«, wird sie sagen.
Und er wird antworten: »Inschallah.«

Anna Dünnebier

Paul und Paul

Ich bin eine Mörderin und lebe unbehelligt, werde nicht einmal gesucht. Langsam gewöhne ich mich daran. Am Anfang war es schwer, ich hätte gern mit jemandem über den Mord geredet, wäre gern ausgefragt worden. Ich habe mich dann selbst gestellt. Aber da war nichts zu machen: Ich hatte nicht das geringste Indiz gegen mich. An der Stelle, wo wir die Leiche vergraben hatten, war eine Baugrube. Keiner der Bauarbeiter hatte etwas Auffälliges gefunden. Wer gibt sich schon ohne einen Beweis in der Hand als Mörderin aus, mochte der Staatsanwalt gedacht haben, eine Sache für den Psychiater, ich habe Wichtigeres zu tun.

Da sitze ich nun mit meinem Mord und darf nicht büßen. Ich tröste mich damit, daß meine Schuld so groß nicht ist, denn ich habe ja auch einen Menschen gemacht. Man könnte das gegeneinander aufrechnen, dann hätte ich sogar noch ein Guthaben, denn eine Zeitlang waren es ja zwei. So halbwegs beruhigt, habe ich mich zu meinen Bildern zurückgezogen und fühle mich fast wohl. Solange ich malen kann, wird mir nichts dergleichen mehr passieren. Alles fing ja damit an, daß ich nicht mehr arbeiten konnte.

Schuld daran war Paul gewesen. Dabei sah ich ihn nur selten, seltener, als ich gewünscht hätte. Er hatte etwas Verwirrendes an sich. Sein eines Auge versank in meinen Bildern, ließ keinen Strich, keine Farbnuance aus, und sein anderes, als hätte es nichts damit zu tun, zog die Braue hoch, während sein Mund etwas von brotloser Kunst hinwarf. Sein eines Auge blickte direkt in meines, vertrauensvoll, als wäre es schon hundertmal darin versunken, und sein anderes blickte mit einem unmerklichen Schielen haarscharf an mir vorbei.

Sehr merkwürdige Augen. Ich lief unschlüssig zwischen meinen halbfertigen und noch nicht begonnenen Bildern umher und hatte keine anderen Ideen als diese Augen. Wie brachte es das eine fertig, mit dem anderen zu leben? Wodurch genau waren sie verschieden?

Was hatte ich damit zu tun? Bald lag eine Unzahl Skizzen bei mir herum, das Atelier, die Küche waren mit Blättern übersät, von denen mich zwei mehr oder minder ähnliche Augen anblickten; auf Zeitungsrändern, auf Obsttüten und Briefumschlägen, sogar auf der rosa Rolle im Badezimmer hatte ich versucht, den Unterschied dieser Augen zu ergründen.
Als ich nach Wochen und Monaten merkte, daß ich mich mit keinem Bild mehr beschäftigt hatte, nur noch mit Skizzen von Augen, malte ich Paul. Paul auf Leinwand, Paul in Öl. Paul lebensgroß. Das Bild hatte einen griechischen Anflug, einen Hauch von Apollonschönheit, es hatte die Linien von Pauls Bewegungen und die Farben seiner direkten, etwas überschwenglichen Art. Es war ein Halbprofil; man sah nur ein Auge.
Sicher, mir war klar, daß ich mich möglicherweise zuviel mit Paul beschäftigte. Aber ich konnte nicht ahnen, was sich daraus entwikkeln würde. Sicher, ich kannte die Geschichte von Pygmalion. Aber wie man Geschichten so versteht: Ich hatte sie amüsant gefunden, eine originelle Fiktion. Als ich eines Morgens Paul neben mir im Bett fand, stellte ich entsprechend dumme und erstaunte Fragen. Erst vor dem leeren Bild begriff ich langsam.
Verstohlen warf ich einen Blick auf das Auge, das andere, das man auf dem Bild nicht hatte sehen können. Es war das Ebenbild des einen sichtbaren. Merkwürdig – doch jetzt war nicht Zeit für Augen. Jetzt waren praktische Probleme zu lösen. Mein Paul hatte nichts anzuziehen: Das hatte ich nun davon, daß ich ihn nackt gemalt hatte. Meine Hosen paßten ihm nicht: Das hatte ich davon, daß ich ihn in undurchdachter Rollenverteilung ein ganzes Stück größer gemalt hatte, als ich es bin. Es mußte eingekauft werden, und da er auf Anprobieren bestand, blieb nichts übrig, als einen Herrenausstatter Auswahlware zu uns nach Hause schicken zu lassen. Zu einer solchen Dienstleistung war nur der feinste und also teuerste bereit; hinzu kam, daß mein Paul einen erlesenen Geschmack an den Tag legte und Seidenhemden und Wildlederjacken schlichter Baumwolle vorzog. Mein eher schmales Konto wurde schon am ersten Tag unseres Zusammenlebens stark überzogen. Ich mußte Bilder verkaufen; für zwei gab es schon seit langem Interessenten, die aber den von mir geforderten Preis nicht zahlen

wollten. Nun brauchte ich Bargeld und beharrte nicht länger auf meinem Preis.

Paul sah ich in der folgenden Zeit weniger; ich ging seltener aus, war viel im Atelier und malte. Mein Paul hatte sich als geschickter Makler erwiesen, ihm gelang, was mir all die Jahre nur selten gelungen war, meine Bilder zu verkaufen, und zwar zu den von mir geforderten Preisen. Mit dem verdienten Geld begann er, die Wohnung zu verschönern, ein geschnitztes Bauernmöbel verdrängte den Fertigteil-Plastikschrank, eine Jugendstilkostbarkeit aus Glas die Plastiklampe, und Plastik war überhaupt nur noch in der Küche erlaubt, wo eine weißblitzende Waschmaschine und Spülmaschine einzogen. Mein Paul wollte nicht, daß ich meine Malerinnenhände zum Waschen oder Geschirrspülen hergab. Ich hatte insgeheim gehofft, er werde diese Arbeiten übernehmen, da er so offensichtlich nicht entschlossen war, einem geregelten Beruf nachzugehen. Er habe in seiner griechischen Vergangenheit auf meinem Bild keine entsprechenden Fähigkeiten gelernt, sagte er bedauernd.

Seine Stärke lag in der Tat mehr im Organisieren. Er hatte schnell für all meine bisher unverkauften Bilder Käufer gefunden. Als der Vorrat zu Ende war, brachte er Käufer an, die auf bloße Entwürfe oder sogar nur mündlich geäußerte Ideen hin bereit waren, für das zukünftige Gemälde schon jetzt zu zahlen. Ich konnte kaum mithalten, und vor Geschäftigkeit entging mir, daß meine Bilder immer flacher wurden, vereinfachte Wiederholungen früherer Werke. Ich merkte es auch deshalb kaum, weil mein Paul alles, was von meiner Hand stammte, für einzigartig, für ausgezeichnet erklärte. Als einer von meinen alten Freunden harte Kritik äußerte, warf er ihn kurzerhand hinaus. Mit diesen Menschen, sagte er, kann man ohnehin über nichts reden als über Bilder und Ausstellungen.

Er begann, andere Freunde zu gewinnen, die über Computer und Geschäfte, Mode und Sport reden konnten. Ich mußte mich in diese Gespräche erst einlernen, hatte oft im rechten Moment jenes neue Programm, über das die Nase gerümpft wurde, noch nicht ausprobiert, wußte noch nichts von jenen weichen Filzhüten, die in Mode gekommen waren, konnte jenen guten Wein nicht von diesem minderen unterscheiden, wußte nichts über jenen Küstenstrich der Biscaya, der an Surfer so hohe Anforderungen stellte. Dazu kam, daß es allmählich problematisch wurde, die modischen, weichen Filzhüte, den besseren Wein und die Reise an die Biscaya zu finanzieren. Meine Bilder verkauften sich nicht mehr, nicht einmal mehr mit all dem Geschick, das mein Paul an den Tag legte.

Er ließ es sich nicht anmerken, aber ich spürte, daß er litt. Er erwähnte mit keinem Wort, daß inzwischen keiner unserer Freunde ohne ein eigenes Segelboot war. Stumm und ohne hinzusehen ging er an den neuen Auslagen seines bevorzugten Herrenausstatters vorbei. Stumm teilte er mit mir das Leberwurstbrot und das Bier an demselben Tisch, an dem er Fasane zerlegt und Weinflaschen geöffnet hatte.

Als ich eines Tages ein Gespräch mit dem unangenehmen Inhalt begann, ich hätte nun lange Zeit uns beide durch mein Malen ernährt, jetzt sei es an ihm, etwas für uns zu tun, da widersprach er nicht, da wurde er sofort aktiv. Es dauerte nur wenige Wochen, und Paul hatte einen gutbezahlten Grafiker-Job in einem Architekturbüro aufgetan, für mich. Das Gehalt reichte zwar nicht für ein Segelboot, aber wer braucht schon ein Boot. Es reichte für Wein und Filzhüte, für Reisen und vergnügliche Feste mit unseren neuen Freunden.

Bei einem solchen Fest geschah es eines Tages, daß ich Paul wiedersah. Ich war erstaunt, ihn hier zu treffen, in einer so anderen Umgebung als der, aus der ich ihn kannte. Ich war inzwischen sogar wieder auf einigen Ausstellungseröffnungen gewesen, ohne ihn dort gesehen zu haben. Ich starrte ihn an, erstaunt und stumm, und das nicht nur, weil er hier so fehl am Platz war. Endlich wußte ich, was mich beunruhigte: die Augen! Sie waren fast regelmäßig. Ich hatte den kleinen Fehler in meiner Erinnerung maßlos übertrieben.

Ich begann, mit ihm zu sprechen: über die Freunde von früher, die er aber selbst lange nicht mehr gesehen hatte, über Bilder, die wir früher beide hoch geschätzt hatten, die er jetzt aber für brotlose Kunst erklärte, und als mir der Gesprächsstoff ausging, begann er in leichtem Plauderton über Computer und Geschäfte zu reden, über Mode und Sport. Ich hielt ihm erschrocken den Mund zu; diese Worte paßten nicht in diesen Mund. Ich drückte und preßte, um die Worte in den Mund zurückzuschieben, die noch zwischen meinen Fingern hervorquollen, Worte wie Segelboot, Filzhut, Fasan. Ich sah seine Augen hervortreten, als wollten sie nach der Luft schnappen, die ich dem Mund vorenthielt. Ich drückte ein Kissen auf Mund und Augen, noch eines, ich drückte und preßte, warf mein ganzes Gewicht auf die Kissen.

Dann sah ich in einiger Entfernung meinen Paul, mit einem ungewissen Blick, halb beunruhigt, halb befriedigt. Er hatte sofort erkannt, daß ich Paul unter dem Kissenberg erstickt hatte. Er stand mir zur Seite, ohne ihn wäre ich verloren gewesen. Er half mir, die Leiche zu vergraben. Er gab sich vor den Freunden als Paul aus, damit dieser nicht vermißt würde. Als ich mich selbst stellte, schwor er einen Meineid, daß er der echte Paul sei. Er tat in der Öffentlichkeit fremd zu mir und besuchte mich heimlich. Aber ich mochte ihn nicht sehen. Ich ging weg und verschloß die Tür, stellte mich krank, erfand Ausreden.

Inzwischen kommt er nur noch selten. Ich male wieder und fühle mich fast wohl. Nur manchmal spüre ich schmerzlich, daß mir etwas fehlt. Ob es Paul ist? Ich weiß nicht. Ich wüßte nicht einmal, welcher.

Roswitha Fröhlich

Seniorenkiste oder Warum Philemon und Bautzi ausgerechnet an ihrem sechzigsten Hochzeitstag total verkracht zu Bett gegangen sind

Also, angefangen hat es eigentlich schon morgens, als nämlich der Phil beim Aufstehen sein miesestes Alltagsgesicht aufgesetzt hat, nur um der Bautzi die Stimmung zu verhageln und zu zeigen, daß ihm der ganze Festtag gestohlen bleiben kann. Und als er dann noch die Kaffeetasse über dem Glückwunschschreiben vom Herrn Bürgermeister ausgeschüttet und behauptet hat, er hielte sowieso nichts von Bürgermeistern, ist der Bautzi zum erstenmal der Kragen geplatzt. Ob er denn überhaupt kein Gefühl im Herzen habe, hat sie gesagt, und wenn es so weitergehe, könne man sich ja auf einiges gefaßt machen.

Dann sind die Leute vom Liederkranz gekommen und haben in der Diele das Lied »Treulich geführt« angestimmt, was dem Phil wieder nicht gepaßt hat, weil er nämlich früher selbst beim Liederkranz Mitglied gewesen ist und damals alles viel sauberer geklungen hat. Diesmal hat die Bautzi ihm aber keine Widerrede geben können, denn von jetzt ab ist alles Schlag auf Schlag gegangen.

Zuerst sind die Katrin und der Alois gekommen mit sämtlichen Kindern, und weil im Wohnzimmer schon alles von den Sangesbrüdern besetzt war, sind sie in der Küche über die Erdbeertorte hergefallen, die eigentlich für den Herrn Pfarrer bestimmt war, und der Phil hat dabeigestanden und kein Sterbenswort gesagt, obwohl er doch sonst immer alles besser weiß und sich über die harmlosesten Dinge aufregt.

Aber auch das hat die Bautzi noch geduldig hingenommen, denn schließlich feiert man nur einmal im Leben die Diamantene Hochzeit, und für den Herrn Pfarrer hat ohnedies noch eine Extra-Torte bereitgestanden. Als es dann aber zum drittenmal geläutet hat und statt des Herrn Pfarrers dieser junge Mann vom »Landboten« gekommen ist und das Interview machen wollte, ist es bei der Bautzi endgültig aus gewesen. Denn was tat der Phil? Benommen hat er sich, als könne er nicht bis drei zählen! »Ja ja« und »och« und »wie man's nimmt« hat er geantwortet und dazu so blöde vor sich hin gelächelt, daß der Bautzi ganz jammervoll zumute gewesen ist und sie sich richtig für den Phil geschämt hat. Was soll denn die Zeitung von ihm denken? Gott sei Dank ist ihr dann gerade noch rechtzeitig eingefallen, daß der junge Mann einen besseren Eindruck haben würde, wenn sie selbst etwas aus ihrem Eheleben zum besten gebe, obwohl der Phil es für gewöhnlich nicht ausstehen kann, wenn man ihm einfach das Wort abschneidet und sich in den Vordergrund drängelt. Aber ehrlich, was ist ihr denn anderes übriggeblieben? Und als der Phil ihr abends vorm Einschlafen diese Vorhaltungen gemacht hat, deswegen, hat sie ihren Standpunkt auch klar und deutlich verteidigt. Der junge Mann ist dann auch ganz zufrieden abgezogen. Das heißt, vorher hat er noch das Foto gemacht, und der Phil und die Bautzi haben sich auf das Sofa setzen und sich Hand in Hand in die Augen blicken müssen, damit es ein schönes Bild gibt und alle Leute sehen, wie glücklich man auch nach sechzig Jahren noch sein kann miteinander. Und wenn die Sache mit Bautzis neuen Schuhen nicht passiert wäre, hätte alles noch einigermaßen gut ausgehen können. Aber natürlich – so was kann ja nur der Bautzi passieren. Oder hat der Phil sie etwa nicht vorgewarnt, neulich beim Schuheinkaufen? Das hat doch ein Blinder mit dem Krückstock gesehen, daß diese lächerlichen Schuhchen zwei Nummern zu klein sind für ihre Hammerzehen. Aber auf ihn wird ja nicht gehört, wie immer.

Und so ist es denn gekommen, daß der Bautzi ausgerechnet dann die Füße so arg angeschwollen sind, als die Bärbel, also die Jüngste von der Katrin ihrer Tochter, das Gedicht »Seit an Seit in Freud und Leid« vorgetragen hat, und daß die Bautzi, anstatt mitzuklatschen wie alle anderen, die Gelegenheit benutzt hat, die lästigen Dinger endlich auszuziehen und sich die Füße ein wenig zu massieren. Schließlich hat sie ja nicht ahnen können, daß der Herr Pfarrer gerade in diesem Augenblick hinten zur Gartentür hereinkommen und alles beobachten würde, wie der Phil genau gesehen haben will. Die Bautzi selbst kann allerdings beschwören, daß der

Herr Pfarrer überhaupt nichts gesehen hat von den strümpfigen Füßen, weil die nämlich unter dem Tisch steckten und weil sie sich auch sofort wieder in die Schuhe hineingezwängt hat vor lauter Schreck, um für den Herrn Pfarrer die Reservetorte aus dem Keller zu holen und wie ein anständiger Mensch dazustehen. Und daß der Herr Pfarrer nur deshalb seinen Besuch so schnell beendet hat, wie der Phil ihr abends im Bett einreden wollte, ist eine glatte Lüge. Oder ob der Phil etwa immer noch nicht gemerkt hätte, daß der Herr Pfarrer nur wegen ihm das Weite gesucht hat? Man hätte ja nur sein, also Phils Gesicht, sehen müssen, um zu wissen, wer hier wen vertrieben hat! Jawohl! Und gezipscht hat er auch noch, obwohl die Bautzi es ihm doch schon hundertmal gesagt hat, daß er nicht mit der Zunge durch die Zähne schnalzen soll, wenn andere Leute dabei sind.

Na, der Abend ist dann doch noch recht gemütlich geworden, auch ohne den Herrn Pfarrer, und die Sangesbrüder haben noch mal das Lied von der Loreley, wo der Phil früher den Baß gesungen hat, intoniert, und der ganze Wein, den der Alois geschenkt hat, ist alle geworden, und der Phil und die Bautzi haben sich zusammengerissen und sich alles, was in ihnen gebrodelt hat, aufgespart für später.

Aber dann!

Schon als der Phil zu seiner Rede angesetzt hat, hat die Bautzi gewußt, was alles kommt, und hat sich im Kopf ihre Worte zusammengesucht, damit der Phil nicht wieder als Sieger dasteht. Und zum erstenmal seit sechzig Jahren haben sie sich den Rücken zugekehrt beim Einschlafen, und die Bautzi hat darüber nachgedacht, warum sie damals nicht den Sepp von nebenan genommen hat, obwohl der nun schon lange unter der Erde liegt und sie jetzt gar nichts mehr davon hätte. Wie es dann ausgegangen ist?

Also: fast schon ein Happy-End ist es gewesen. Als nämlich dann am nächsten Morgen dieser schöne Artikel im »Landboten« gestanden hat, zusammen mit dem großen Foto, haben der Phil und die Bautzi die Angelegenheit plötzlich total vergessen, und der Phil hat vor lauter Rührung so laut gezipscht, daß es der Bautzi durch die Knochen gefahren ist. Aber diesmal hat sie natürlich nichts gesagt und hat nur dem Phil seine Hand gehalten und sich immerfort die Brille wischen müssen, wegen der Augen. Und der Phil hat ihr sein Taschentuch gereicht, quer über den Tisch, weil die Bautzi ihres nicht gefunden hat, und alles ist eine richtig schöne Nachfeier gewesen, ehrlich.

Gabriele Göbel

Die Stunde des blauen Wunders

Es ist aber, sagte sie, keine besondere Geschichte. Es lohnt sich kaum, sie zu erzählen.
Eine Floskel, Koketterie oder maulfaule Ausrede? Am Ungesagten, das weiß doch jeder, entzündet sich die Phantasie des Zuhörers. Skizziere ihm die Kulisse, eine Landschaft, einen Ort, ein Gebäude und überlasse es ihm, die Konturen mit Leben zu füllen. Die Dinge brauchen sich gar nicht zu ereignen, damit man sich an sie erinnert.
Zu Anfang sitzt ein Mann in einem Restaurant unter einem Gemälde, das haargenau so aussieht wie ein Jugendbildnis von ihm. Seine Kleidung ist die dunkle sonntäglich-samtene eines Sohnes aus gutem Hause. Konfirmandenanzug mit roter Künstlerfliege. Der Vater Baurat in einer Kleinstadt oder Apotheker. Die Gestalt des etwa Zwölfjährigen, Größe, Gewicht werden durchschnittlich gewesen sein. Er steht sehr gerade, leicht zur Seite gedreht, hat aber nichts Verkrampftes. Eine Hand berührt die Stuhllehne, ohne sie als Stütze in Betracht zu ziehen.
Der Mann unter dem überdimensionalen Gemälde hantiert mit Messer und Gabel, als wären es Kampfwerkzeuge. Auch zwischen den Bissen legt er sie nicht beiseite. Wenn sie sein Essen nicht zerteilen, verteidigen sie es wie eine nur dem Mann zustehende Beute. Aus den Augen des Knaben spricht unverhohlene Neugier. Fernweh oder Menschenhunger. Er hat sich seinen Piratenblick noch nicht nehmen lassen. Die Aufmerksamkeit des Mannes gilt einzig und allein seinem Teller. Trotzdem sind es, wenn er einmal hochsieht, seine Augen: nachgedunkeltes Grünblau zwischen geröteten Lidern. Seine Stirn ist hoch, sein Haar schütter. In die wirbeligen Knabenlocken wurde damals, etwas unbeholfen, aber gut gemeint, ein ordentlicher Scheitel gezogen. Mütterliche Spucke, dem Sohn gegen seinen Willen aufgedrängt. Der Knabe auf dem Gemälde hat noch etwas nicht zu Ende Domestiziertes in seiner

Aura. Der Mann unter dem Gemälde hat es sich noch gar nicht angesehen.
Eine Frau tritt ein und macht ihn darauf aufmerksam.
Nein, nein, nicht sofort. Die Frau ist fremd in der Stadt und hat lange nach einem Restaurant gesucht, das ihr gefällt. Dieses hier ist das erste. Sie setzt sich an einen kleinen Tisch neben dem Mann, ihm gegenüber. Hungrig studiert sie die Speisekarte und, nachdem sie bestellt hat, das Gemälde. Die Ähnlichkeit zwischen Knabe und Mann bringt sie zum Lachen. Haben Sie es noch nicht gemerkt? ruft sie ihm zu. Über Ihrem Haupt prangt Ihr eigenes Konterfei!
Sitzt da und hat Augen und weiß nicht, wozu, muß sie denken.
Der Mann ist erst unwillig, dann amüsiert. Sie kommen ins Gespräch.
Sie fragt, er antwortet. Zwischendurch essen und trinken sie. Nicht schlecht, übrigens. Der Mann hat seine Jugend im Osten verbracht, die Mutter war Kriegerwitwe und Straßenbahnfahrerin. Wer, sagt er, hätte mich denn malen und das Bild in den Westen schaffen sollen? Noch dazu in diesem bombastischen Goldrahmen? Warum nicht, so etwas gibt es doch, antwortet sie. Sehen Sie nur: Sogar die Ohren sind gleich. Der flache Rand, das fleischige Ohrläppchen. – Nur der goldene Ring fehlte dem Knaben. – Jedes menschliche Ohrenpaar ist so einmalig wie ein Fingerabdruck.
Dann ist dieses Bild ein blaues Wunder, sagt der Mann, schon leicht beschwipst nach dem dritten Glas Wein. So nennen wir in meiner Heimatstadt seit hundert Jahren eine blau gestrichene pfeilerlose Stahlhängebrücke, die erste im Land. – Und alles, was wir uns sonst nicht erklären können: Blaues Wunder... Und Sie? Sind Sie denn von hier? Nein, auch nicht. Die Frau wechselt die Seite, um sich neben den Mann zu setzen.
Beide sind fremd in der Stadt, beide in der Nacht nicht gern allein.
Worüber können sie reden? Zwei Reisende spätabends im Niemandsland von Raum und Zeit?
Zwischen Mann und Frau gibt es nur ein Thema. Die Frau spricht darüber, der Mann mit dem Ring im Ohr hört ihr aufmerksam zu.

Für die meisten Menschen gebe es in der Arbeit keine Liebe und in der Liebe keine Anstrengung, behauptet sie.
Der Mann schweigt; er macht seine Arbeit, so gut es geht.
Eben, denkt die Frau. Sie fragt nach seinem Beruf.
Er ist Gartengestalter: Teichanlagen, Baum- und Gehölzschnitt, Wipfelköpfen. Die Frau stutzt. Das hätte sie nicht gedacht. Ein junges Paar gegenüber vertreibt sich das Warten auf die Nachspeise mit gewagten Liebesspielen. Wie finden Sie die beiden?
Der Mann zuckt die Achseln, mag kaum hinsehen. Die Rolle des Voyeurs liegt ihm nicht.
Früher war ich wie sie, gesteht die Frau. Ein bißchen liebessüchtig sind wir doch alle.
Ein bißchen süchtig gibt es nicht, denkt der Mann.
Wir sind mit Hoffnungen ausgestattet, die uns kein Mensch einlösen kann, fährt sie fort. Eine durch und durch weltliche Welt bewahrt sich eine fast jenseitige Illusion: die Erfüllung unendlicher Wünsche in der Liebesbeziehung!
Er versteht nicht, worauf sie hinauswill. Sie schenkt ihm ein Trauerlächeln.
Sind Sie Akademikerin?
Ja, er hat sie nicht verstanden.
Sie schlägt vor, die wenigen Stunden bis zum Morgen zusammen zu verbringen.
Der Mann traut seinen Ohren nicht. Hilfesuchend schaut er sich nach dem Knabenporträt um. Es sind wirklich seine Ohren.
Die Frau ist sehr attraktiv. Der Mann fühlt sich geschmeichelt. Doch sie stellt eine Bedingung.
Es sei ein Irrtum, sagt sie, sich damit abzufinden, daß der Mensch des Nachts allein sein müsse. So sei das nicht gemeint. Die Erde könne in der dunkelsten Stunde zu beben anfangen, ein Käuzchen nicht zu schreien aufhören, ein Freund den Verstand verlieren. Wie solle man das ertragen ohne menschliche Nähe?
Der Mann nickt, verständnisvoll jetzt.
Sich Nacht für Nacht blindlings zu paaren sei aber ebensowenig gemeint.
Der Mann verschluckt sich an seinem letzten Mundvoll Wein. Die Bedingung?

Er kann an ihrer Seite tun und lassen, was er möchte, darf sie aber nicht berühren.
Sie will ihm nicht verraten, warum nicht. Er fragt nicht weiter. Miteinander schlafen, ja, aber keine Intimitäten, hieß es in der Jugend des Mannes aus dem Osten. Warum soll einer Frau aus dem Westen nicht das Gegenteil gefallen?
Der Mann stimmt zu in der Hoffnung, daß sie es sich noch anders überlegt.
Er begleitet sie in ihr Hotelzimmer, dabei weiß er nicht einmal ihren Namen. Sie trinken noch ein Glas Champagner aus der Zimmerbar, bevor sie nacheinander ins Bad gehen. Beiden ist es warm geworden. Sie wirft sich, nur in ein dünnes Laken gehüllt, auf die Bettdecke und bedeutet ihm, sich neben sie zu legen.
Sie sind sehr schön, sagt er, während er das Laken ein wenig herunterschiebt. (Die Frau läßt ihn gewähren.) Und wenn ich mich nun in Sie verliebe?
Geht das nur Sie etwas an, Wipfelköpfer!
Die ganze Nacht bleibt er an ihrer Seite.
Kann sich nicht satt sehen an ihr. Carezza, hat sie verlangt, aber ausschließlich mit den Augen. Carezza statt Pfahl im Fleisch. Er nennt sie Giovanna.
Sie mag es nicht, wenn sich etwas in ihr Innerstes bohrt, weder Fleisch noch Gefühle. Kaum hat ein Mensch Vertrauen gewittert, versucht er mit seinem Schmerz in den anderen einzudringen, so ihre Klage.
Er sieht das anders, doch fehlen ihm die passenden Worte.
Giovanna betrachtet ihn aus den Augenwinkeln, bevor sie einschläft. Sie hat etwas zuviel getrunken.
Als der Mann noch kein Mann war, phantasiert sie, könnte er ein Junge gewesen sein, der seinen Körper nicht spürte. Ständig befürchtete er, daß seine Glieder ihm abfielen. Wenn ich in den Garten gehe, kommen meine Füße dann auch mit? könnte so ein kleiner Wipfelköpfer seine Mutter gefragt haben. Mit einem Lächeln auf den Lippen schläft Giovanna ein.
Er tut kein Auge zu.
Studiert ihr Gesicht, sofern die Beleuchtung es zuläßt. Vorbeihuschende Autoscheinwerfer und Leuchtreklame statt Sternen-

schein. Giovannas Gesicht sieht, wenn sie schweigt, ganz sanft aus; geglättet die Stirn, von einer duftenden Haarwolke blauschwarz umrahmt. Lichtreflexe von draußen markieren die Grenze zwischen Haut und Hülle. Seine Hand entfernt behutsam das Laken. Sie wacht nicht auf, seufzt nur leise im Schlaf.

Wipfelköpfers grünblauer Piratenblick – just zu dieser Stunde könnte er ihn doch wiederaufleben lassen – erobert jeden Zentimeter dieses nackten, schutzlosen, preisgegebenen Körpers. Aber er rührt sie nicht an. Verschafft sich womöglich allein durch seinen Anblick Befriedigung. Niemand kann aus seiner Haut. Für Augenblicke führt die Liebe im Kopf zu einem Gefühl der Einheit, das er sich nicht erinnern kann, jemals erlebt zu haben. Als es vorüber ist, hat er die unsichtbaren Mauern, die ihm errichtet wurden, beinah lieben gelernt. Vertraut wie ein Spielgespenst aus seiner Kindheit erscheint ihm nun das Wesen Giovanna.

Am Morgen ist er euphorisch gestimmt. Die vergangene Nacht wird ihren Reiz so bald nicht verlieren, glaubt er. Er hat den Wunsch der Frau, kein vertrautes Verhältnis zu ihm zu haben, respektiert und ist trotzdem auf seine Kosten gekommen. Er fühlt sich als Sieger, bis sie ihm eine Geschichte erzählt:

Giovanna ist schon ins Bad gegangen, sich die Spuren der Nacht aus den Poren zu spülen. Sie spricht durch die halbgeöffnete Tür:

Sie liebt Wasserpflanzen und bunte Fische und hat zu Hause ein wunderbar leuchtendes Aquarium. Immer wenn sie eine der dikken Trennwände herauszieht, um es zu reinigen, versammeln sich die Fische an der Stelle, wo die Scheibe gewesen war.

Sie sehen dann aus wie ein ins Wasser geworfenes Juwelenbouquet, ruft Giovanna durch die Tür.

Kurz bevor sie hinüberschwimmen könnten, kehren alle Fische um, zurückgehalten von einer Grenze, die es in Wirklichkeit nicht gibt. – Es stört mich übrigens nicht, wenn Sie jetzt gehen, sagt sie, da er nicht reagiert. Die Gesetze der Nacht gelten nicht mehr. – Sie waren wahrlich ein Braver, Wipfelköpfer! Durch die Badezimmertür, die sich wie von selbst geschlossen hat, dringt aufreizendes Gelächter.

Der Mann hat wie versteinert zugehört. Er ist nun so ernüchtert wie nach einer Nacht im Bordell. Wortlos verläßt er das Zimmer. Blaues Wunder, ade! Er fühlt sich gefoppt und betrogen. Soll er sich ohrfeigen, auf die Schulter klopfen oder seine Wunden lekken? Was hat er begriffen, was nicht? Daß die Wirklichkeit stets neu zu verhandeln sei – war dies die Lehre der Donna Giovanna? Wipfelköpfer weiß es nicht. Und es kränkt ihn, daß er es nicht weiß.

Wann immer er wieder in die fremde Stadt kommt, wird er sich unter sein Bild setzen und auf Erkenntnis warten.

Jutta Heinrich

Wie fern ich dich hab
Eine Miniatur

Du – ach du, weißt du noch!
Unsere heißen Sommertage am Meer. Wir beide Atem in Atem. Atemlos. Zwei Menschen aus einem und einer aus zweien! Komm! Verlasse den Platz jener Zeit in uns beiden, laß mich dich die Treppen hochkommen, den Flur entlanggehen hören, mein Zimmer suchen. Tritt ein, sieh mich auf dem Bett liegen als eine Niedergeschlagene, und küß mir die Tränen vom Hals, und gib mir den Geruch deiner Achselhöhlen, bedecke mich mit deiner Haut, die nach deinem Atem riecht, und erzähle mir unsere Geschichte im Flüsterton, daß ich das Meer wiederkommen höre; der Sand zwischen unseren Zähnen knirscht. Und unsere Umarmungen schmecken noch einmal nach Sonnenöl.
Und dann tauchte die Sonne vor der Wand eines blaugrauen Horizonts unter, und mit dem Abend kam die Flut; lange brausende Wellenzüge rollten dem Sand zu, sie trugen das glitzernde, sprühende Funkeln des zitronengelben Sonnenlichts, das Sprühfeuer aus Sonne, Spiegelung und Wasser, und der von der Hitze ausgetrocknete Sand murmelte und gluckerte, als das Wasser kam, und die ersten kleinen Wellen waren voll Seufzer, wenn sie von der Flut ausgesetzt wurden und zu unseren Füßen versickerten.
In Schwaden aus Sand und flimmerndem Licht gingen unzählige Menschen dem Ort zu, dessen strohbedeckte Dächer über den Deich lugten, beladen mit Sonnenbrand, leergegessenem Gepäck, Bälle und Liegestühle unter dem Arm, die Kinder quengelten hinter ihnen her, müde und satt vom Wind und Wasser.
Wir blieben allein am Strand zurück, Hand in Hand, vor dem Meer, das die Farbe einer Wolke trug und wie fließendes Metall aussah, die Fahne mit dem Niveaball flatterte und klimperte, aus dem Holzhaus auf klobigen Pfählen war Geschirrabwaschen zu hören, und auf der Veranda wurden die Stühle ineinander gestellt, ein Mann mit dunkelbraun gegerbtem Gesicht, in einem Anzug, so

weiß wie Schwanenfedern, bürstete die Strandkörbe sauber und klappte die Sonnendächer herunter. Wir nahmen uns vor, daß dieser wunderbare Moment ein Foto bleiben soll, ein belichteter Augenblick.
Mit schwarzblauen Wolkenbergen kam die Dämmerung, und wir rollten uns, Körper über Körper, im Sand, dem Wasser zu.
In einem Lokal, das sich Blockhütte nannte, bestellten wir das größte Steak, das es gab, unsere Knie berührten sich unter dem Tisch, und wir fühlten uns ganz geschwächt vor Hingezogenheit. Und du fragtest mich, wie lange liebst du mich, und ich sagte, immer.
Die Menschen belächelten uns nachsichtig. Endlich kam das Essen, es roch nach heißem Rotwein, und wir lagen uns noch immer in den Augen, du nahmst die Gabel und suchtest auf dem beladenen Holzteller herum, ohne nur einmal meine Augen auszulassen, und nach einer Weile schobst du ihn beiseite und sagtest, ich kann nichts essen. Und später sagtest du, mit einem Ernst, der dich selbst erstaunte, wann gehen wir endlich, ich halt es nicht mehr aus.
Wir rannten eine schmale Gasse hinunter, die voll Fliederduft war, hinein in das weiße Haus mit dem tief hängenden Strohdach, flogen die enge Treppe hoch, zogen uns ins Zimmer, das nach verschlossenen Fenstern roch und nach Gästen aus dem letzten Urlaub.
Gleich darauf und die ganze Nacht lagen wir nackt und verschwitzt im Bett, aufgelöst von einer Leidenschaft und Erregung, die sich immer wieder entzündete an der Erregung der Erregung und der Hingabe und Lust aneinander; unsere Körper ein einziger Mund, der wild atmete, jede Pore ein zitterndes Flüstern, und die Welt hatte aufgehört, etwas anderes zu sein als wir und wir.
Dann stand ein eisheller Halbmond über dem Meer, Äste von Pflaumenbäumen warfen Schattenspiele aufs Glas, sinnliche Schwärze staute sich vor dem Deich, der Himmel war seltsam entrückt, aber monderglüht und voll spitzer Sterne, Kühe atmeten unruhig und schwer, sie schliefen im Garten, im Schutz des Mondschattens.
Du – weißt du noch: Wir beschlossen, wach zu bleiben, unser

Glück über unsere Liebe nicht eine Sekunde einschlafen zu lassen, mal wachtest du, mal wachte ich, und wir hatten sie nicht einen Moment an den Schlaf verloren.

Irma Hildebrandt

Die gewürfelte Frau

Zu Alexander Rodtschenkos
Foto »Mädchen mit Leica«

Sie sitzt reglos auf der Holzbank, den Kopf an die dunkle Bretterwand gelehnt. Die Sonne fällt schräg auf ihr Gesicht, auf das weiße Kleid, und überzieht es mit dem Schatten eines Gitterrostes. Ein Würfelmuster: Arme, Hände, Beine von kleinen Schattenquadraten überzogen, die sich verändern, wenn sie sich bewegt.
Aber sie bewegt sich nicht, läßt nur ihre Augen abwärts wandern auf das schwarze Gitter, das über ihren Knien liegt. Ihre Glieder sind abgestorben, gehören nicht zu ihr. Das Kleid mit dem fremden Muster gehört nicht zu ihr. Die Hand mit dem Achatring gehört nicht zu ihr. Das Würfelmuster brennt auf der Haut. Wie grausam die Sonne sein kann.
Eine gewürfelte Frau. Eine hingewürfelte Frau. Hingewürfelt vom Zufall. Hingewürfelt auf diese Bank, es hätte genausogut eine andere sein können auf diesem Bahnhofsvorplatz, in dieser Stadt oder irgendwo. Als Kinder haben sie Eile mit Weile gespielt, haben um ihr Leben gewürfelt, kamen in den Himmel oder wurden aus der Bahn geworfen, von andern gnadenlos überholt, ausgewürfelt.
Ausgewürfelt. So sitzt sie da. Wie lange schon? Sie sieht nicht auf die Uhr, wozu auch. Wozu soll sie den nächsten Zug nehmen, der Gewißheit entgegenfahren? Sie spürt einen Schattenstab über den Augen. Wenn sie den Kopf nur leicht anhebt, fällt ihr die Sonne grell auf die Schläfen, und sie hat, wie oft in den letzten Tagen, das Gefühl, ihre Schädeldecken klafften immer weiter auseinander. Ihr Innenleben schamlos bloßgelegt, hier auf dieser Bank, an der Menschen vorübergehen, auf ihr sonnengemustertes Kleid schauen und in ihren zerteilten Schädel.
Kein Axthieb. Keine rohe Gewalt. Eine subtile Sezierung des Gehirns ohne nachweisbare Spuren. Wie das Würfelmuster auf ihrem Kleid, das sich mit weiterwandernder Sonne allmählich in Rauten

verwandeln und in der Dämmerung verschwinden wird. Nicht nachweisbar.
Nicht nachweisbar auch der Schmerz in ihrer bloßgelegten, vergitterten Brust. Die Stelle, wo das Herz sitzt, dieser zuckende Muskel ohne Gefühl. Muskelfasern. Mit jeder Faser des Herzens – eine Romanfloskel. Mit jeder Faser des Herzens hängt sie an ihm: Der Satz könnte bei Courths-Mahler stehen, könnte auch über ihrem Leben stehen, dem aus jeder Logik herausgefallenen.
Warum fährt sie ihm hinterher? Wer ist sie denn noch? Sie kann sich im Spiegel nicht mehr ansehen, immer wird dieses Gefängnisgitter über ihrem Gesicht, ihrer Brust liegen. Und sie schiebt es nicht weg, hat nicht die Kraft. Will die Kraft nicht haben. Will zu ihm. Wider alle Vernunft: zu ihm.
Was hat er ihr alles zugemutet – und sie fährt ihm trotzdem entgegen. Hat den Entschluß letzte Nacht im Halbschlaf gefaßt: ihn noch einmal zur Rede stellen, vielleicht zur Umkehr bewegen. Das sagt sich leicht halb im Traum, und am Tag kommen die Bedenken. Aber sie hat sich von ihrem Verstand nicht umstimmen lassen, hat die Zugverbindung herausgesucht, ist ohne Frühstück zum Bahnhof gefahren, hat die Fahrkarte gelöst, eine Rückfahrkarte, mit der leisen Hoffnung, er werde sie im Wagen zurückbringen, bei ihr bleiben, wenn auch nur für eine Nacht.
Sie hat ein leeres Abteil gesucht, im Speisewagen Kaffee getrunken, sich die Krankengeschichte einer Rentnerin angehört, ist ausgestiegen, hat sich über den langen Zwischenhalt geärgert: Anschlußzug erst in einer Stunde, wie in der tiefsten Provinz. Kein Wartesaal, nur eine verrauchte Kneipe oder diese Bank auf dem Bahnhofsvorplatz mit dem schmalen Rasenstreifen davor und den drei Rosenrabatten. Sie scheint die einzige zu sein, die auf einen Zug wartet.
Auf der Bank hat sie ihr Kopftuch ausgebreitet, das weiße Kleid ist empfindlich, eigentlich nicht für die Reise geeignet, aber er mag gerade dieses Kleid, sie haben es zusammen in der kleinen Boutique am See gekauft.
Das Sonnenlicht fällt durch ein enggerastertes Metallgitter über ihrem Kopf, das sie erst jetzt wahrnimmt. Sie betrachtet das Muster auf ihren Armen. Die Längsstreifen sind stärker ausgebildet.

Gitterstäbe. Eingesperrt. Wieder dieses beklemmende Gefühl. Freiwillig eingesperrt. Wer kann das verstehen? Er nicht. Er hat sich Gefühle immer vom Hals gehalten. Was wird er sagen, wenn sie vor seiner Tür steht?

Er hat absichtlich fünf Bahnstunden zwischen ihr Leben gelegt, hat sich ihr entzogen, antwortet nicht auf ihre Fragen. Er will ihr nicht weh tun, sagt er, warum versteht sie das denn nicht? Die Würfel sind anders gefallen, das Spiel ist aus. Sie hat verloren und will es noch immer nicht wahrhaben.

Warum fährt sie ihm fünf Stunden hinterher? Erwartet sie, daß er dasteht in der fremden Tür und sie in die Wohnung bittet, in den bequemen Korbsessel, den einzigen, den er mitgenommen hat? Seine Möbel stehen noch bei ihr, nur seine Kleider und seine Bücher hat er in die beiden Koffer gepackt. Wer mit so wenig Gepäck wegfährt, kommt wieder, hat sie gedacht und sich getäuscht. Sein Fahrrad wollte er noch abholen, hat er am Telefon gesagt, und sie hat gehofft, es werde ihm noch das und jenes fehlen, was ihn zurückbringen könnte.

Aber er ist nicht gekommen. Beruflich zu sehr eingespannt – den Satz kennt sie, sie stand daneben damals, als er sich mit genau diesen Worten am Telefon von ihrer Vorgängerin verabschiedete. Nun ist sie dran mit dieser sanften Lüge. Sie hat doch alles durchschaut, sie kennt ihn – warum denn diese demütigende Fahrt?

Kennt sie ihn wirklich? Sie haben selten über sich gesprochen, nie in die Zukunft hinein geplant. Nichts von Heirat, nichts von Kindern. Sie wollte ihn nicht bedrängen mit ihren Wünschen. Sie wollte vielleicht zu wenig. Sie hat ihm die Freiheit gelassen, er hat sich die Freiheit genommen, so einfach ist das. Und sie will es nicht verstehen.

Sie holt die Hände aus der Vergitterung, legt sie neben sich flach auf die Bank, ein neues Muster, kleiner gewürfelt, fällt darauf. Zerwürfelte Hände, ein zerwürfelter Körper, ein zerwürfelter Kopf. Migräne. Das Wetter schlägt um, die Schwalben fliegen knapp über den Rosenrabatten, die Sonne sticht grell durch den Gitterrost.

Sie steht auf, versucht den stechenden Schmerz in den Schläfen abzuschütteln wie das Gitter über ihrem Körper. Sie flieht in die

kühle Schalterhalle, hört vom Bahnsteig den Lautsprecher, der ihren Zug ankündigt. Gleis zwei. In einer Stunde könnte sie bei ihm sein.
Nein. Sie sucht auf der Fahrplantafel nach einem Zug zurück. Knapp vier Stunden, sie wird noch im Hellen ankommen. Von ihm trennt sie nur eine Stunde, aber dazwischen liegt ein Gewirr von Gleisen, Weichen, Signalen. Dazwischen liegt seine kalte Stimme am Telefon.
Rien ne va plus. Ausgewürfelt. In zehn Minuten fährt ihr Zug zurück.

Sarah Kirsch

Bei den weißen Stiefmütterchen

Bei den weißen Stiefmütterchen
Im Park wie ers mir auftrug
Stehe ich unter der Weide
Ungekämmte Alte blattlos
Siehst du sagt sie er kommt nicht

Ach sage ich er hat sich den Fuß gebrochen
Eine Gräte verschluckt, eine Straße
Wurde plötzlich verlegt oder
Er kann seiner Frau nicht entkommen
Viele Dinge hindern uns Menschen

Die Weide wiegt sich und knarrt
Kann auch sein er ist schon tot
Sah blaß aus als er dich untern Mantel küßte
Kann sein Weide kann sein
So wollen wir hoffen er liebt mich nicht mehr

Ich wollte meinen König töten

Ich wollte meinen König töten
Und wieder frei sein. Das Armband
Das er mir gab, den einen schönen Namen
Legte ich ab und warf die Worte
Weg die ich gemacht hatte: Vergleiche
Für seine Augen die Stimme die Zunge
Ich baute leergetrunkene Flaschen auf
Füllte Explosives ein das sollte ihn
Für immer verjagen. Damit
Die Rebellion vollständig würde
Verschloß ich die Tür, ging
Unter Menschen, verbrüderte mich
In verschiedenen Häusern, doch
Die Freiheit wollte nicht groß werden
Das Ding Seele dies bourgeoise Stück
Verharrte nicht nur, wurde milder
Tanzte wenn ich den Kopf
An gegen Mauern rannte. Ich ging
Den Gerüchten nach im Land die
Gegen ihn sprachen, sammelte
Drei Bände Verfehlungen eine Mappe
Ungerechtigkeiten, selbst Lügen
Führte ich auf. Ganz zuletzt
Wollte ich ihn einfach verraten
Ich suchte ihn, den Plan zu vollenden
Küßte den andern, daß meinem
König nichts widerführe

Meine Worte gehorchen mir nicht

Meine Worte gehorchen mir nicht
Kaum hör ich sie wieder mein Himmel
Dehnt sich will deinen erreichen
Bald wird er zerspringen ich atme
Schon kleine Züge mein Herzschlag
Ist siebnfach geworden schickt unaufhörlich
Und kaum verschlüsselte Botschaften aus

Karin Kiwus

Im ersten Licht

Wenn wir uns gedankenlos getrunken haben
  aus einem langen Sommerabend
    in eine kurze heiße Nacht
wenn die Vögel dann früh
  davonjagen aus gedämpften Färbungen
in den hellen tönenden frischgespannten Himmel

wenn ich dann über mir in den Lüften
weit und feierlich mich dehne
in den mächtigen Armen meiner Toccata

wenn du dann neben mir im Bett
deinen ausladenden Klangkörper bewegst
dich dumpf aufrichtest und zur Tür gehst

und wenn ich dann im ersten Licht
  deinen fetten Arsch sehe
    deinen Arsch
                verstehst du
  deinen trüben verstimmten ausgeleierten Arsch
dann weiß ich wieder
  daß ich dich nicht liebe
                      wirklich
    daß ich dich einfach nicht liebe

Fragile

Wenn ich jetzt sage
ich liebe dich
übergebe ich nur
vorsichtig das Geschenk
zu einem Fest das wir beide
noch nie gefeiert haben

Und wenn du gleich
wieder allein
deinen Geburtstag
vor Augen hast
und dieses Päckchen
ungeduldig an dich reißt
dann nimmst du schon
die scheppernden Scherben darin
gar nicht mehr wahr

En passant

Bei laufendem Motor im Parkhaus
am Rand meiner Innenstadt
ist die Zeit gerade kurz
genug dich wie damals
kaum zu erkennen

Es gibt wenig zu sagen
ich lebe soweit
wie ich mir gefalle
und du planst
eigentlich
nichts Neues

Beim Anfahren
vibriert jetzt dein
Körper in mir das
war es auch schon

Lösung

Im Traum
nicht einmal mehr
suche ich
mein verlorenes Paradies
bei dir

ich erfinde es
besser allein
für mich

In Wirklichkeit
will ich
einfach nur leben
mit dir so gut
es geht

Helga Königsdorf

Hochzeitstag in Pizunda

24.7.
Totale Erschöpfung. Flüge im Halbschlaf. Es ist ein Anzeichen des Alterns, daß die Furchtsamkeiten zunehmen. Mehr Erfahrung mit der Gefahr. Der Pegel des Grundgrauens vor dem Ende, das sich unausweichbar nähert, rückt höher und höher. Je öfter man dem Tod gegenüberstand, desto stärker wird der Lebenshunger.
Wieviel Lebenshunger bestimmt unsere Liebe?
Oleander in Sotschi. Riesige Magnolienbäume mit wundersam reinen Blüten. Syrische Rosensträucher. Japanische Seidenakazien. Himalajazedern. Lorbeerhecken und die nackten Stämme des Eukalyptus. Föhren in Pizunda.
Vierzehn Tage auf Bewährung.
Alles ist mir fremd. Alles sehr fern. Warum liebe ich dich? Liebe ich dich noch? Wo ist dein Gesicht geblieben? Es ist wunderschön, wenn du lachst. Merkwürdig triumphierend. Ist das deine Art zu lieben? Ich bin nicht jung, schlank und rehbraun. Du bist kein Mann, nach dem ich mich umsehen würde, auch wenn du mir jetzt ständig in anderen begegnest. Also ist das nicht wichtig. Gibt es überhaupt etwas Wichtiges, was nur uns betrifft.
Warum ist eigentlich Lebenshunger etwas Schlechtes! Wir haben nur dieses eine Leben. Begreifen sie es denn nicht. Was machen sie damit! Wie gehen sie mit sich um! Wo liegt die Grenze zwischen Anspruch und Gier?
Wir weigern uns, nachzudenken. Über unsere Endlichkeit, über das Altern, über den Tod. Unsere Ideologie läßt uns im Stich. Sie verliert sich im Allgemeinen. Gestorben wird allein. Aseptisch. Anonym. In Krankenhausbetten. Wir bringen unsere Gesellschaft in Ordnung. Wir eröffnen dem Individuum neue Räume, aber wir müssen diese Räume noch gestalten. Ich bilde mir ein, daß ich eine Verantwortung habe. Niemand hat sie mir übertragen. Sie ist einfach da. Ein Teil von mir.

Abend auf dem Balkon. Blaugraues Meer. Schnee auf den Bergen des Kaukasus. Beatmusik von der Terrasse.
Ja. Wir machen uns nur etwas vor. Und so klug sind wir doch: Wir wissen genau, daß wir uns etwas vormachen. Wir sind längst zu furchtsam, zu müde, um miteinander neu zu beginnen.

25.7.
Strandmorgen. Die Leute erholen sich genauso betriebsam, wie sie ihr ganzes Leben organisieren. Gierig nach den Dingen, unachtsam mit sich. Die Sonne ist im Preis inbegriffen. Man kämpft um gute Busplätze, Eßplätze, Strandplätze. Man wird sie morgen wacker verteidigen. Schade, daß man die heimischen Gartenzäune nicht mitbringen konnte. Aber wenigstens ein steinbeschwertes Handtuch bleibt liegen. Man setzt es aufs Spiel. Ein Symbol des Anspruchs, der nicht in Frage gestellt wird. Die Vertreter anderer Nationalitäten kommen ohnehin später. Friedlicher. Lärmender. Ohne Gespür für die unsichtbaren Grenzsteine, die inzwischen gesetzt worden sind.
Wir rennen nicht. Schon sind wir verdächtig. Außenseiter. Heimliche. Unheimliche. Etwas ist mit uns nicht in Ordnung. Man wird uns auf die Spur kommen. Vorläufig erhalten wir den Stempel: hochmütig. Man wird schon sehen. Hochmut kommt vor dem Fall. Ich fühle mich nicht schwindelfrei. Ich würde gern mit ihnen reden. Aber nicht so hastig obenhin.
Wie macht man das?
Klarer kühler Wein auf dem Mittagstisch. Wohlige Schwere. Mittagsruhe. Plötzlich durchzuckt mich ein Schmerz. Habe ich nicht mit dem Wein unbewußt eine Entscheidung getroffen? Eine Entscheidung, die vielleicht nicht notwendig ist, die ich mir nicht leichtmachen wollte, die ich nicht ohne dich treffen wollte. Alkohol würde ich unserem Sohn nicht zumuten. Ich würde alles sehr ernst nehmen mit ihm, und gerade deshalb fürchte ich mich.
Wieviel Kraft haben wir? Wie belastbar ist das alles?
Aussprache. Oh, meine unwahre Ehrlichkeit. Wie leicht und schnell läßt sich über zwanzig gemeinsame Jahre richten. Man hat sich nie so geliebt, wie man jetzt den anderen – dich – liebt. Man glaubt es, während man es sagt. Dabei trinkt man türkischen Kaf-

fee, der auf heißer Asche erhitzt wurde, und spielt Schach mit Riesenfiguren. Nicht sehr konzentriert. Gewiß. Aber man gewinnt. Das letztemal hat man gegen ihn vor fast zwanzig Jahren gewonnen. Auf der ersten gemeinsamen Reise an ein anderes Ufer. Nun wird es die letzte sein.
Ein aufgekündigtes Versprechen und ein Sieg?
Abendkühle. Blaue Bergkette. Berge, nach denen ich sofort Sehnsucht empfand und die unerreichbar sind. Symbol für mein Leben. Für die irre Sehnsucht in meinem Leben, die ich manchmal interpretiere, die zur unaufhörlichen Wandlung zwingt. Geliebte verhaßte Sehnsucht.
Kannst du das Ziel solch riesengroßer Sehnsucht sein?

26.7.
Mit dem Schiff über das blaue Schwarze Meer. Delphine. Zum Ärger der Fotografen tauchen sie immer an unerwarteten Stellen auf.
Gagra – tropisch schwül. Die Luft ist satt vom Duft der Blüten und vom siedenden Öl. Zikaden in den Palmen. Wir rennen über Steine ins Meer und sind doch Minuten später wieder heiß und schlapp. Müde von nächtlichen Diskussionen, in denen alles gesagt wurde.
Ist die Ehe eigentlich zeitgemäß?
Wie einsam kann man in einer Ehe werden.
Am Anfang erscheint es einfach. Man will noch alles akzeptieren. Man wird sich noch wandeln, anpassen. Vor allem den anderen wird man wandeln. Jedoch das Alltägliche gewinnt Raum. Fast unmerkbar zuerst, aber unaufhaltsam. Eines Tages sitzt der Alltag mitten in der Intimsphäre, und dann ist man nicht länger geduldig. Man wird zornig. Man verzeiht nicht mehr.
In der Literatur vergangener Zeiten mußten Liebende große Hürden überwinden. Unsere Eltern haben in ihrem Leben immer wieder gemeinsam um ihre nackte Existenz gekämpft. Bei uns wird der Liebe eine schützende Struktur – unsere moderne Form der Ehe – gegeben. Wie gut das alles juristisch ausgedacht ist, erkennt man erst, wenn man beginnt, über die Scheidung nachzudenken. Wenigstens als Frau findet man seine Rechte wohl gewahrt.

Wie hält man eine Liebe ohne Probleme von außen am Leben?
Es ist nicht angemessen, gegen eine sinnvolle Form zu revoltieren, weil man den Inhalt nicht gestalten kann. Wir haben es nicht geschafft. Nach dem Aufbegehren kam die Resignation. Man fordert nichts mehr voneinander und erwartet nichts mehr. Eines Tages wendet man sich um und ist allein, obwohl man weiß, der andere ist da irgendwo. Aber er ist durchsichtig geworden.
Und dann begegnet man einem herausfordernden anderen Ich. Ganz sichtbar, voller Konturen. Plötzlich findet eine bestürzende chemische Reaktion statt. Alle ungesättigten Valenzen erfahren unerwartet eine Bindung. Man ist überwältigt. Unzurechnungsfähig.
Dafür lohnt es sich, alles aufs Spiel zu setzen.

27.7.
So einfach ist das nicht.
Hohe Luftfeuchtigkeit, grauer Himmel. Regen in der Nacht. Schwüle. Die Haut fühlt man wie Watte. Jede Bewegung kostet Überwindung. Übelkeit würgt im Hals. Ziehende Schmerzen in der Brust, die schwerer und voller wird. Alle Bedrückungen wachsen ins Riesenhafte.
Wie wirst du sein, wenn ich krank bin? Wirst du dann bei mir sein?
Eines Tages ist der einzige Grund, zusammen zu bleiben, die Furcht vor der Einsamkeit. Man liebt sich nicht mehr. Man ist abgestumpft. Die Sache ist unerträglich. Aber man hat Angst.
Es wäre Phantasielosigkeit, keine Angst zu haben.
Als die Kollegen nach der Besprechung die Stühle zurückschoben und keiner mit mir ein Bier trinken gehen wollte – es gab auch gar keine Kneipe in der Gegend –, kaufte ich in der Halle zwei Flaschen, um sie zu Hause mit ihm zu leeren.
Er hatte mir vorher prophezeit, daß mein Projekt nicht ankommen würde. Ich hätte wieder einmal viel zuviel Zeit investiert.
Das Bier schmeckte widerlich. Ich schloß mich im Bad ein. Der einzige Ort in der Wohnung, an dem ich mich nicht einsam fühlte.
Aber wie ist es, wenn zu Hause niemand auf einen wartet.
Du hast auch Angst. Du spielst Schach, und ich bin für eine Zeit

die Dame. Während du Kombination um Kombination durchkalkulierst, bist du weder zu einer Handlung noch zur Liebe fähig.
Ich habe dich in mein Haus gelockt. Du konntest nicht weggehen und wolltest nicht bleiben. So standen wir beide beschämt. Ich – weil ich nicht begehrt wurde. Du – weil du deiner Rolle schlecht genügtest.
Ein Mann muß stark sein. Ein Junge weint doch nicht. Der Erfolg macht den Mann aus.
Wieso kann man immer noch aus einer Liebschaft einen Skandal machen? Wieso mischen sich immer noch Dritte ein? Wieso ist ein Ehebruch aus Liebe mit bestimmten Verantwortungsbereichen unvereinbar? Weshalb gibt es noch das Etikett: führt ein geordnetes Familienleben, gleichgültig, wie es in diesen geordneten Verhältnissen aussieht. Glauben wir denn, wir müßten die Gesellschaft mit Verkrüppelten aufbauen?
Die Kühle des Abends bringt Entspannung. In der Ferne zuckt es über den Himmel. Die Musik von der Terrasse, die man nur schwer ertragen hat, fehlt einem heute.
Der Mann an meiner Seite ist freundlich und verständnisvoll. Fast wünschte man, er wäre es nicht!

28.7.
Abendspaziergang. Rechts ein Menschenstrom, in den wir uns einordnen, links einer, der entgegenkommt, uns streift und vorüberrollt. Der Weg betoniert und neonbestrahlt. An sieben Hochhäusern vorbei. Fast das heimische Neubauviertel. Nur die Luft ist anders. Dafür ist das Ganze umzäunt und der Eingang bewacht. Du bist privilegiert. Ehe ich mir darüber klar werde, ob ich es gut finden darf, privilegiert zu sein, ärgere ich mich bereits. Dieser Eingang ist nämlich gleichzeitig der einzige Ausgang. Ich fasse meine Tochter an der Hand, klettere durch die zerbrochenen Latten des Zaunes und gehe mit ihr zehn Meter in die Dunkelheit. Wir lachen beide und rennen um die Wette zum Ausstieg zurück.
Filmbruchstücke über die Umzäunung des Freiluftkinos. Ein blitzsauberer Kraftwerkerbauer, Neulanderstürmer mit Produktivkraftblick unter dem weißen Sturzhelm. Sicher säuft er manch-

mal, sicher liebt er manchmal, aber immer mit einem Gedanken an die Reproduktion seiner Arbeitskraft.
Nein. Das hast du falsch verstanden. Ich schreibe jetzt, weil ich schreiben muß. Das ist nicht einfach die Folge einer unbefriedigenden Ehe. Ich habe hastig gelebt. Ich habe Verhaltensmuster akzeptiert, die mir aufgeschwatzt worden sind. Ich habe Talent bewiesen, alles zu tun, was man von mir erwartete. Nur eines habe ich darüber vergessen. Ich weiß nicht mehr, wer ich bin.
Ich wage jetzt das große Abenteuer. Ich begebe mich auf die Suche nach mir selbst.
In meiner Liebe zu dir suche ich mich. In dem, was ich schreibe, suche ich mich. Ich habe endlich begriffen, daß ich ein Recht darauf habe. Ich war einsam, weil ich meine Identität verloren hatte. Denke nicht, ich werde in deine Arme kommen und darüber die Welt vergessen. Je mehr ich zu mir selbst finde, um so mehr werde ich zu sagen haben. Ob ich es gut genug kann, ist eine offene Frage, die aber zur Zeit überhaupt keine Rolle spielt. Ruhe und Bequemlichkeit kann ich dir nicht bieten, aber interessant würde es sein mit mir.
Ich werde meinen Weg gehen: mit dir, ohne dich, gegen dich.

29.7.
Wenn du einmal nach Pizunda kommst, und wenn ich dann nicht bei dir bin, geh abends in den Tempel und höre eine Fuge von Bach. Setz dich unter die Kuppel und lege den Kopf an die Sessellehne. Empfinde mit der Musik, wie wissend die Augen des Christus in der Kuppel sind und wie sie dadurch fern, einsam und traurig erscheinen. Um wieviel näher wären wir uns, wenn wir etwas weniger wissend wären. In der Mitte des Lebens ist die Liebe zugleich Nähe und Distanz. Noch verstehen wir nicht, welche Niederlage das Ende unserer Liebe für uns bedeuten wird.
Unsere Niederlagen prägen uns mehr als unsere Zufriedenheiten. Die größte Niederlage erleiden wir, wenn wir nicht mehr vorangehen, wenn sich unser Weg als Sackgasse erweist.
Eines Tages haben wir es geschafft. Wir werden zu Hauptvorträgen auf internationalen Tagungen eingeladen. Wir führen Titel, bekleiden Ämter. Aber der Preis war zu hoch. Es war eigentlich

alles ein bißchen zu schwer für uns. Jahrelang mußten wir unsere Interessen beschränken, Stimmungen und Emotionen eliminieren, um das erforderliche Konzentrationsvermögen zu erreichen. Entstanden ist Mittelmaß. Da kommt man nicht daran vorbei. Versucht man, Haltung zu bewahren, verkrampft man sich. Reagiert empfindlich auf Kritik, weil man es nicht mehr besser kann und den hohen Einsatz kennt. Man zieht sich in sein Schneckenhaus zurück, und die ohnehin geringe Kommunikationsfähigkeit wird noch mehr eingeengt.
Schreiben ist maximale Kommunikation.
Wir schreiben nicht einmal Briefe. Wir sind so verdammt ökonomisch in allem, was wir tun. Die schönen Briefe, die heute – selten – geschrieben werden, erwecken in uns sofort den Verdacht, daß sie mit einem Seitenblick auf spätere Publikationen verfaßt sind.
Es muß sich lohnen.
Das Befremden in deinen Augen. Eine Erzählung ist kein Referat. Da ist Subjektivität. Da muß Subjektivität sein. Das erscheint dir bereits brisant. Da möchtest du nicht hineingezogen werden. Ja, was glaubst du denn! Denkst du, wir könnten miteinander gehen, ohne daß du meine Schwierigkeiten auch zu deinen machst. Oder hoffst du, ich würde mich endlich in meine Weiberrolle scheren und Socken stopfen!
Ich weiß, in welchem Graben ich liege. Aber es gibt auch bei uns die Einsamen. Es lohnt sich, manches in Frage zu stellen. Anstöße geben. Nachdenklich machen. Auf dem Weg zu mir, die ich ganz hier verwurzelt bin.
Die langnadligen Föhren werden allmählich schwarz.
Heute lag ich den halben Tag am Wasser. Die Sonne brannte auf meinen Nacken. Meine Arme hielten die Luftmatratze umschlungen, bis das Begehren über mich hereinbrach und ich die Entfernung unserer Körper wie einen hellen scharfen Schmerz empfand. Ich warf mich durch die Schaumkronen und habe unter Wasser die Augen geöffnet.

30.7.
Ich träume...

Ich hätte mit meinen Geschichten Geld verdient. Viel Geld. Das hätte mich legitimiert. Es hätte sogar dich überzeugt.
Ich träume...
Wir wären mit allen unseren Kindern nach Pizunda gefahren. Vom Morgenspaziergang zurück, weckst du uns. Bei mir erreichst du nur, daß ich mich von rechts nach links wälze. Wer nicht aufsteht, soll auch nicht essen, sagst du und gehst frühstücken. Aber die Kinder. Jedes bringt mir etwas mit. Nur deine große Tochter nicht. Die belauert mich noch immer argwöhnisch, ich erwarte von dir, daß du beschämt bist, und deine Laune sinkt unter den Gefrierpunkt. Ich aber habe inzwischen geduscht, Kaffee gebrüht, meinen Kreislauf durch allerlei Massagen auf Schwung gebracht. Ich fühle mich großartig.
Unsere beiden Söhne haben zu nichts Lust. Am Strand liegen ist langweilig. Ins Fischerdorf fahren ist langweilig. Zum Gemüsemarkt gehen ist langweilig. Lesen ist langweilig. Das »Ooooch« kommt immer zweistimmig. Ich sehe, du stehst kurz vor einer Explosion, und zeige dir schnell das Tragflächenboot, das gerade startet. Dann hole ich aus dem Koffer die verborgen gehaltenen Rollen mit Angelschnur, die Büchse mit den Haken und die Senkbleie. Ein Stück Weißbrot zum Teigkneten ist von meinem Frühstück übrig.
Du hast es sofort erkannt. Die Erziehung meines Sohnes ist katastrophal. Ich versichere dir, ich habe nichts unversucht gelassen, aus ihm einen lebenstüchtigen Normmenschen zu machen. Ich habe gestraft, damit er sich übt, die Konsequenzen einzuschätzen. Ich habe gelobt, damit er begreift, wie man Anerkennung erwirbt. Ich habe verboten, damit er die Autorität achten lernt. Ich habe ihn aus Träumen gerissen, damit er das Primat der Realität erfaßt. Ich habe ihm alle die vielen »man tut« und »man tut nicht« aufgezählt. Es ist wirklich nicht mein Verdienst, wenn da ein kleines Stück Individualität überlebt hat.
Wie wenig behutsam gehen wir mit der Individualität eines Menschen um. Wird nicht ein Mensch erst durch seine individuellen Züge interessant?
Längst sind alle am Strand. Wegen des Strandes hat man das viele Geld bezahlt. Unter den Sonnenschirmen ist es stickig. Wir beide

sitzen auf dem Schattenbalkon. Unter uns surrt der Rasensprenger. Ich lese Gedichte von Baudelaire, die ich in der Bücherei entdeckt habe. Ich finde es schade, daß Baudelaire in einem anderen Jahrhundert gelebt hat.
Das gefällt dir nicht.

31.7.
Ich träume...
Wir legen die Luftmatratze, die auf der Unterseite bereits mit braunen Teerflecken bedeckt ist, auf die Steine und sehen meiner kleinen Tochter zu, die in den Wellen hüpft und sofort Freunde findet. Dann schwimmen wir beide weit hinaus, und draußen, hinter den roten Bojen, lachst du zum erstenmal am Tag, küßt mich, und der Kuß schmeckt salzig.
Zum Mittagessen gibt es Dorschleber, Soljanka, Tomaten, Gurken, Äpfel, gebratenes Huhn auf Reis, Kuchenscheiben, Wasser und Wein. Keiner hat rechten Appetit. Nur die dreisten Spatzen fliegen durch den Saal und kosten von allem.
Ich stehe lange unter der lauwarmen Dusche. Wie soll unser Alltag aussehen, wenn schon der Traum von einem Ferientag voller geheimer Gereiztheiten ist. Welche Entschlüsse und Vorsätze wir auch fassen, in unserem Verhältnis zu den Kindern beginnt die Offenbarung. Hier hört jede Toleranz auf.
Wenn du deiner Tochter über das Haar streichst, kämpfe ich vergeblich die Eifersucht in mir nieder. Ich kann nicht ertragen, daß du versuchst, meine Kinder wie junge Hunde abzurichten, und stolz auf die Dressurleistungen bei deinen Sprößlingen hinweist. Tückisch beginne ich die intellektuellen Fähigkeiten meines Nachwuchses herauszustreichen, obwohl ich genau weiß, damit wird die Verstimmung perfekt.
Wir brauchen ein gemeinsames Kind.
Aber das Modell für die zweite Hälfte unseres Lebens kann doch nicht in einer einfachen Wiederholung bestehen.
Endlich kommst du. Ich ziehe dich so naß wie ich bin zu unseren Betten. Nein, sagst du und erinnerst an unser Alter. Ich aber weiß längst, wie ich dich verführen kann.
Ich träume...

Am Abend gehen wir weit an das andere Ende des Strandes, beobachten die Delphine und sehen die Sonne untergehen. Im Wald leuchten die wilden Lilien weiß und unschuldig. Nur ihr schwerer Duft verrät ihren wahren Charakter.
Im fünfzehnten Stock eines Hochhauses sitzen wir im Freien, den lauen Wind vom Meer her im Gesicht, und trinken süßen Portwein. Ich schaue neidvoll zu den Tänzern drinnen, aber ich weiß, du tanzt nicht mehr mit mir, seitdem wir verheiratet sind.
Plötzlich habe ich keine Lust, weiter zu träumen. Ich gehe hinein. Die Barfrau mixt mir einen Cocktail, in dem mehr Erfindungsgeist steckt als in zwei Dutzend meiner Träume. Ich liebe die Barfrau. Ich liebe die Luft über dem Meer. Ich liebe diesen ekstatischen Tanz.
Nur den Mann, der mit mir tanzt und der seit zwanzig Jahren mit mir lebt, den liebe ich nicht mehr.

1.8.
Ich gehe barfuß über das jadegrüne Meer. Mein Rock ist lang, ausgefranst, und seine Farbe gleicht dem Bernstein, wie mein Haar, das die Sonne gebleicht hat. Meine Haut schimmert braun im Wind. Durch die weißen Schaumkämme blinken meine Fußnägel wie Tropfen frischen Blutes. Der Himmel ist hoch und weit. Ich gehe sicher und ruhig.
Hochzeitstag in Pizunda.
Ein kleiner Garten an einem warmen Sommerabend. Lampions in den Bäumen. Lieder zur Gitarre. Die Nachbarin reicht Rosen über den Zaun. Fotos im Familienalbum: als Brautpaar, glücklich, das hat man sicher nicht geheuchelt, später mit Sohn, Sohn allein, die Tochter als zweites Kind seltener, man selbst seltener und nicht mehr zu zweit, dann gar nicht mehr. Irgendwann ist es abgebrochen. Warum hielt man später nichts mehr von derartiger Dokumentation. Oder besser: Warum hielt man früher etwas davon. Es verbindet einen nichts mehr mit jener glücklichen Braut. Alle sieben Jahre erneuert der Mensch seine Zellen.
Hochzeitstag in Pizunda. Wie wird es enden. Wieviel Schicksal bleibt mir noch. Mut haben, in die ungewisse Weite gehen.
Ein Mann, der nicht mehr jung ist, liebt ein Mädchen, das ihm

eines Tages überlegen sein wird. Er verschiebt Aussprache und Trennung von seiner Frau wieder und wieder.
Eine Frau hat ihre Ehe aus Liebe zu einem anderen zerschlagen. Die Frau bleibt allein.
Ein Paar geht auseinander und findet wieder zusammen. Nicht aus Resignation, sondern aus besserer Einsicht.
Hochzeit. Tag, an dem du dich offiziell als eigenständige Persönlichkeit aufgibst, denn von nun an heißt es nicht mehr »du«, sondern »ihr«. »Seid ihr nicht auch dieser Meinung?« – »Wie würdet ihr euch verhalten?« – »Kommt ihr nicht mal vorbei!« Du bist als Persönlichkeit nicht mehr gefragt. Du fängst gezwungenermaßen an, dich für die Handlungen und Meinungsäußerungen des anderen verantwortlich zu fühlen. Aber wehe, wenn du aufbegehrst und dich in aller Öffentlichkeit von seinem Standpunkt distanzierst. Du bist aus der Rolle gefallen. Vor allem als Frau. Schließlich sitzt ihr doch in einem Boot. Das eigene Nest beschmutzt man nicht.
Es fuhr eine Expedition ins Eismeer. Die Männer waren verträglich und konnten sich aufeinander verlassen. Am einhundertsiebenundneunzigsten Tag und nach sechswöchiger Dunkelheit brachten zwei einen dritten um.
Warmer fruchtbarer Regen in Pizunda. Die Trauben werden prall und süß. Die Feigen reifen im Schatten.

2.8.
Obstmarkt in Pizunda. Blankpolierte Riesentomaten, dunkle, dumpfe Maulbeeren, pralle Pfirsiche, gelbe Pflaumen, honigsüße Zuckermelonen, rotgestreifte Erdbeeräpfel, Wassermelonen, deren Saft über die Lippen quillt. Jeder muß unbedingt etwas anderes kaufen. Das Netz ist voll, das Taschengeld reduziert.
Ich reibe am mittleren Granatstein meines Ringes, und der Ifrit taucht bis zu den Brustwarzen aus dem Fußboden des Balkons. Das ist peinlich, denn nach meiner Berechnung reicht sein Leib mindestens durch vier weitere Balkone. Auf allen Etagen unsere Touristen. Morgen wird es Beschwerden geben. Längst hat sich ein gewaltiges Bedürfnis aufgestaut, sich zu beschweren. Warum also nicht wegen ifritischer Balkonstörungen. Ich beeile mich und befehle: Bring mir meinen Liebsten aus Sachsen!

Ehe noch mein Blick ans andere Ufer der Bucht und zurück gewandert ist, liegst du vor mir auf der Luftmatratze, denn bei dir ist noch Nacht. Vielleicht ist es die Nacht nach jenem Abend, an dem du dich endgültig und fest entschieden hast, diese nutzlose und quälende Liebschaft aufzukündigen.
Du schläfst und weißt nicht, daß ich dich ansehe. Dein Gesicht ist anders, wenn du bei mir bist. Dann bist du immer ein bißchen auf der Hut. Bei der anderen Frau fühlst du dich sicherer. Du schläfst. Dein Mund ist leicht geöffnet. Ein Schatten geht über dein Gesicht. Zum erstenmal wird mir bewußt, daß du nicht mehr jung bist, und die Müdigkeit in deinen Zügen berührt mich schmerzhaft. Ich möchte dich wecken, aber das verstößt gegen die Spielregeln.
Ich beschränke mich darauf, dir sacht über die Stirn zu streichen, und versuche, Einfluß auf deinen Traum zu gewinnen, indem ich dir ins Ohr flüstere, es ist nicht so einfach mit dem Aufkündigen, denn ich bin schon fast sicher, daß ich einen Sohn von dir in mir wachsen fühle, und ich bin so voll Torheit, daß ich glücklich darüber bin.
So einfach ist es nicht mit dem Aufkündigen, denn ich habe einen Hühnergott gefunden.
Die Pille und das Recht, eine Schwangerschaft zu unterbrechen, haben der Frau endlich die Möglichkeit gegeben, ihren Körper selbst zu verwalten. Die medizinischen Nebenwirkungen und Risiken sind zu einem befriedigenden Anteil statistisch ausdrückbar.
Die Pille und das Recht, eine Schwangerschaft zu unterbrechen, haben den Mann endgültig von der Verpflichtung befreit, sich über die Sache irgendwelche Gedanken zu machen. Unrecht wird ihm nur getan, wenn die Frau ihn reinlegt und er unverhofft zur Kasse gebeten wird.
Ich küsse dir den Saft der süßen Melone auf die Lippen und schicke dich per Ifrit nach Sachsen zurück.

3.8.
Neben uns auf dem Balkon wird Geburtstag gefeiert. Ich würde auch gern etwas feiern. Gäste haben, zu Gast sein. Wir haben hier wenig Kontakt. Es liegt eine spürbare Spannung über uns, die Urlaubsbekanntschaften ausschließt.
Gesprächsfetzen: Mit zwanzig heiraten! Irre! – Nie wieder! – Ich

war so schnell geschieden wie verheiratet. – Die Männer sind ausgezeichnete Lügner. – Manche Frauen merken es nicht. – Nie wieder. – Die Frau bekocht und bewäscht ihn zu Hause. Bei der Freundin immer Sonntagsstimmung. – In jeder Ehe ist ein Haar.
Früher war es einfacher. Die Pflichten waren genau aufgeteilt. Männerrolle. Frauenrolle. Heute ist alles verwischt. Das Geraufe um die kleinen Vorteile beim Lösen der Existenzprobleme. Die Zeit hat ihren Wert. Menschsein ist genutzte Zeit. Jede Benachteiligung frißt ein Stück von meinen Möglichkeiten. Ich verbuche sie auf seinem Schuldkonto. Ich bin nicht mehr bereit, mich dienend zu verströmen und zu glauben, das wäre meine Bestimmung. Ich bin knickrig. Ich kann etwas machen aus mir, aber ich brauche Zeit. Ich bin mir etwas wert. Ich bin ungeduldig. Er ist verständnislos. Schließlich ist er immer bereit, mich zu unterstützen. Aber diese Unterstützung genügt mir nicht. Ich brauche aufgeteilte Verantwortlichkeit.
Ich hole die Stehlampe auf den Balkon. Die Wellen schlagen irgendwo im Dunkeln über den Steinstrand. Die Welt schrumpft auf den begrenzten Schein der Lampe zusammen.
Wenn zwei sich lieben, verengen sie ihre Welt. Eifersüchtig schirmen sie einander ab. Sie glauben, sich selbst zu genügen. Eines Tages ist die Entdeckerfreude aneinander verbraucht. Die subjektiven Erfahrungen bilden einen unverrückbaren, starren Raster, der Körperliches, Emotionales und Rationales überdeckt. Die Wechselwirkungen, sogar die verschiedenen Formen der Auseinandersetzung, verlaufen in fixierten Bahnen. Der einzige Weg aus der Sterilität ist die Wiedereingliederung in die Umwelt. Irgendwann begriffen wir, daß wir keine gemeinsamen Freunde haben konnten. Wir gestanden einander Freiräume zu, aber die anderen ließen uns keine Chance.
Wieso ist denn Ihr Gatte nicht mitgekommen? Und dein Mann? Ich würde nicht allein ausgehen. Stimmt bei euch etwas nicht?
Man hat an diesem Gebäude immerhin zwanzig Jahre gearbeitet. Gewiß, es genügt den Ansprüchen nicht mehr. Aber ehe man es niederreißt, sucht man nach anderen Lösungen. Umbauen. Ausbauen. Anbauen.
Ehe zu dritt. Das gibt es doch.

Ich liebe dich auch, weil du solche Lösungen nicht akzeptieren würdest. Ich liebe dich vor allem, weil du dir immer sicher bist im Beurteilen von richtig oder falsch. Dahinter kann man sich für eine Weile verkriechen. Das macht die Dinge einfach. Also ist meine Liebe zu dir vor allem Schwachheit. Ich bin es müde, immer vergeblich um Ordnung und Harmonie zwischen den verschiedenen Ebenen meines Lebens zu kämpfen.
Die Welt mit ihren konkreten Herausforderungen als Fundament. Darüber erheben sich kühn, luftig, selbstbewußt die gedanklichen Konstruktionen. Die Fähigkeit, das scheinbar Selbstverständliche zu problematisieren, in überraschende Rahmen zu stellen. Schräg sehen. Etwas hineinsehen.
Alle Denkmodelle sind zugelassen, und beinahe alles wird begründbar. Wo sind die Fixpunkte? Bizarre Ornamente, die durch die Kollisionen mit der Realwelt zerstört werden, die sich neu erheben und die, ehe man sich versieht, einen erstaunlichen Einfluß erlangen. Zwischen allem wolkenähnlich die farbige Landschaft der Phantasie, die den Boden und die Schwerkraft negiert.
Großfamilie. Niemandem würde weh getan. Wir wären zu acht in Pizunda. Nein, zu zehnt, denn unseren jüngsten Sohn und die Großmutter hätten wir auch mit. Eine laute, fröhliche Familie. Das würde die anderen anziehen, wie das Essen hier die Spatzen anlockt. Wir hätten jeden Tag Gäste auf dem Balkon, bis es uns zuviel würde.
Welche Utopie. Ich weiß doch, daß du keine Freunde hast, weil du keine Freunde brauchst. Du bist ein Tatmensch.
Wie konnte es bloß mit uns so weit kommen!

4.8.
Wie kommt man zum Rizasee.
Man zahlt vier Rubel, steigt in einen Bus und fährt durch die Sündenallee, die von hohen, schlanken Zypressen beschattet wird. Sühnmale sündiger Mönche. Wir pflanzen immer seltener Bäume.
Jede Gesellschaft wird auch durch ihre spezifische Definition der Sünde charakterisiert.
Ich werde den Mann, mit dem ich zwanzig Jahre gelebt und zwei

Kinder gezeugt habe, verlassen. In mir keimt neues Leben von einem anderen Mann, der eine Ehefrau hat und der ein Nomenklaturkader ist. Ich weiß noch nicht, wie es weitergeht. Aber ich bereue nichts.
Wasserfälle im Staub des Tages. Kostbarer Buchsbaum duckt sich bescheiden am Hang. Der blaue See ist siebzig Meter tief. Das Pferd steht geduldig. Leise klickt das Objektiv. Benzingeruch. Busschlangen winden sich. Aufwärts. Immer aufwärts. Am Rizasee werden wir Forelle essen.
Rizasee. Grün und kalt zwischen steilen Berghängen, die das Auge hinaufleiten, über die Baumgrenze, bis zu den Schneespalten.
Eine Stunde Rizasee. Forelle ist ausverkauft. Schlangen nach Schaschlik. Schlangen nach Wein. Schlangen nach den knatternden Motorbooten, um fünf Minuten über den See zu rasen.
Fünf Minuten Traum, es gäbe keine Betonstraße und keine Busse. Man wäre zwei Tage gewandert, hätte gerastet bei den Imkern, die ihre Völker auf der Sommerweide haben, am Lagerfeuer Maisbrei und Schafskäse gegessen und dazu im klaren Bergwasser gekühlten grusinischen Wein getrunken.
Wie wertlos werden große Freuden, wenn sie so leicht erreichbar sind. Den Nachweis, daß wir auch das hatten, erbringen wir fotografisch. Die Bilder von uns zeigen nichts. Die Gesichter unserer Liebe sind anders.
Das Gesicht deiner Frau. Wäre alles leichter, würde ich es kennen? Die Spuren finden von dem Bösen, das ihr einander angetan habt. Bist du nicht rücksichtslos ein halbes Leben über sie hinweggegangen? Hat sie dich nicht ständig verunsichert?
Nein. Keine Urteile. Es sind zu viele Unbekannte. Es sind immer für Außenstehende zu viele Unbekannte.
Aber sie ist älter als ich. Um wesentliche Jahre älter. Wie soll sie neu anfangen in unserer Gesellschaft, in der die Frauen immer noch viel schneller altern als Männer, obwohl es den biologischen Tatsachen widerspricht. Das Vorurteil reicht von den Kaderleitungen bis zu den zwischenmenschlichen Beziehungen. Es gibt Bereiche, in denen wir Frauen zwangsweise jünger aus dem Arbeitsprozeß entlassen werden als die Männer. Niemand befragt uns, ob wir das tatsächlich als Vorrecht empfinden. Uns Frauen,

die wir entscheidende Jahre unserer Entwicklung für die Reproduktion der Gesellschaft drangeben, wird nicht einmal das Nachholen gestattet.
Wieviel Verantwortung trägt man gegenüber einem anderen Menschen? Wo beginnt das Recht auf sich selbst?

5.8.
Ich gehe den sehnsüchtigen Tönen der Gitarre nach. Je näher ich komme, um so dünner und weher wird ihr Klang, bis er endlich verstummt. Als ich sie finde, hat der Spieler den Ort längst verlassen, und ihre Saiten sind gerissen. Ich stehe da, weine, und dieses Weinen hält meinen ganzen Körper gepackt, bis ich erwache.
Fanfarenklänge, rote Fahnen, rote Halstücher. Kinderprogramm in Pizunda. Meine kleine blauäugige Tochter diskutiert mit beiden Händen mit einem Mädchen aus Odessa und Zwillingen aus Prag. Plötzlich – mitten im Programm – steht sie am Mikrofon und singt. Singt mit klarer ruhiger Stimme ein Lied vom Glockenklang, der vom Turm tönt, und vom Morgen, der folgen wird.
Was wissen wir eigentlich von unseren Kindern?
Nacht vor der Abreise nach Pizunda. Kunstlicht der Stadtnacht. Eine Kindernase an der Fensterscheibe plattgedrückt, bis die Nase schmerzt. Ein ziehender tiefer Schmerz von der Wurzel her. Später klappt die Wohnungstür. Die Mutter trägt das Kind ins Bett, das beruhigt, da die Mutter doch wiedergekommen ist, sofort einschläft. Der Vater im Nebenzimmer legt die Blusen der Mutter in den Koffer.
Die rotfleckige, magere Katze wird von allen gemieden. Im Café, in dem wir Mangosaft trinken und Käsefladen essen, holt sie sich die Zärtlichkeit der Stuhlbeine.
Ich wollte dich die Zärtlichkeit lehren, dich herauslösen aus der Selbstbeobachtung. Das Erleben deines Körpers sollte mein Gesicht tragen. Ich wollte dir zeigen, daß Sinnlichkeit nichts Trübes, Unsauberes ist, und dich mit schamloser Anmut umgeben. Ich wollte alles, was ich in dich hineingeträumt habe, Schicht um Schicht freilegen.

6.8.
Abschied von Pizunda.
Die roten Ameisen, die schon die Interflugschokolade, die nicht benutzten Antikonzeptica und den geöffneten Pfirsichsaft mit Begeisterung entdeckt haben, ziehen nun ihre Straße zu den gepackten Koffern.
Abschied vom Licht des Tages, tief unter uns das Meer, die Föhren, die Menschen. Über uns nur noch die Schwalben in ihren Nestern. Zuerst versinken die fernen Gipfel im Abenddunst. Die Vorberge werden dunkler, geheimnisvoller. Die grünen und blauen Farben des Meeres verschwimmen in eintönigem Grau. Lichter glimmen auf. Der Finger des Leuchtfeuers am letzten Hochhaus beginnt seine rhythmischen Halbkreise zu ziehen.
Pizunda. Gefürchtete Zeit der Trennung. Schöne Zeit, in der ich zu dir sprechen konnte und du zuhören mußtest, in der ich träumen konnte und in der keine Entscheidung notwendig war.
Aber in der doch eine Entscheidung gefallen ist.

Ulrike Längle

In Linz beginnt's
oder Die romantische Liebe

»Jetzt gehe ich ins Kloster«, dachte Amanda voller Verzweiflung und schlug ihren Kopf gegen die Mauer eines alten Hauses in der nächtlichen Linzer Altstadt, in der Nähe des Hauptplatzes. Sie weinte hemmungslos, denn Nikolaus, den sie liebte, hatte ihr soeben erklärt, er wolle mit einer Tänzerin aus Essen zusammenleben und sie verlassen. Er schlang den Arm um ihre heftig bebenden Schultern, und als Amanda sich endlich beruhigt hatte, führte er sie in den Gasthof *Zum Goldenen Anker*, wo er ein Zimmer für sie gemietet hatte.

Schon bei der Überquerung des Hauptplatzes schüttelte sie seinen Arm ab und erklärte resolut, daß das alles nicht wahr sein könne. Es stimme nicht, daß Nikolaus sie nicht mehr liebe, und er ergriffe nur die Flucht vor ihr. Nikolaus blieb eisern und verabschiedete sich an der Gasthaustür, doch nach kurzem Besinnen machte Amanda kehrt, lief ihm nach und hielt ihn fest. Sie glaubte an die Liebe im allgemeinen und an die zwischen Nikolaus und ihr im besonderen, und sie vertraute grundsätzlich auf ein gütiges Schicksal. Nikolaus war ihr vor einem Jahr wie ein Geschenk des Himmels in den Schoß gefallen, und dieses Glück wollte sie für sich bewahren. Sie wollte es bei diesem Treffen in Linz, als sie sich nach längerer Trennung zum erstenmal wiedersahen, in der allerkörperlichsten und zugleich seelenvollsten Art auskosten. So schleppte sie Nikolaus mit in ihr Gasthofzimmer, ohne sich von seinem Sträuben und seinen Einwänden beirren zu lassen. Oben angekommen, ließ Nikolaus seine Reserven fallen und bestieg mit ihr das schmale Eisenbett. Amanda bemerkte später nur noch glücklich und schlaftrunken, wie er sich leise davonmachte, um bei seiner Tante zu nächtigen.

Nikolaus war ein schöner junger Mann und Amanda ein feuriges Mädchen. Sie hatten sich bei einem Vortrag über »Wiedergeburtsmythen in der Altsteinzeit« kennengelernt und seither nicht voneinander gelassen, obwohl er weit von ihr entfernt in Deutschland lebte. Er hatte einen ebenmäßig gebauten Körper, eine dunkle Haut, schwarzes Haupt- und Schnurrbarthaar und blaue Augen. Amanda dachte bei seinem Namen immer an Nikolaus Lenau, und regelmäßig fiel ihr dann die Gedichtzeile ein: »Hast ein Reh du lieb vor andern«, obwohl das Gedicht von Eichendorff war. Nikolaus hatte ihr einmal als Geschenk einen Strauß blauer Tulpen mitgebracht, die elektrisch leuchteten und als Lampe auf ihrem Klavier dienten, das allerdings wegen Verziehung der Stimmstöcke und Mottenfraß in den Filzauflagen der Hämmer irreparabel war.

Bei ihrem ersten Treffen nach der paläolithischen Wiedergeburt hatten sie sich in Wien bei der Besichtigung des Zentralfriedhofs abseits in ein Brennesselgestrüpp geschlagen, und dort war Amanda ebenfalls in Tränen ausgebrochen, aber nicht wegen der Brennesseln. Sie befand sich damals in einer heftigen Lebenskrise und glaubte, niemand auf der Welt außer Nikolaus würde sie lieben. Verknüpft war dieses Gefühl mit der Erinnerung an ein frühes Kindheitstrauma, eine Geschichte, die ihr erzählt worden war, seit sie sich erinnern konnte. Amanda hatte im Alter von sechs Tagen eine Nacht lang durchgeschrien und war dann von ihren zu Tode erschrockenen Eltern, die ihre Tochter im Stil der fünfziger Jahre erziehen wollten, doch noch aus dem Stubenwagen geholt worden, blau und am Rande des Grabes, weil sie eine unerkannte Nabelsepsis hatte. Gerettet wurde sie durch die Kraft ihrer Stimme (noch dazu, wo sie fast eine Frühgeburt war: Sie hatte es nicht mehr erwarten können, das Licht der Welt zu erblicken, und war drei Wochen vor dem Termin in einer kurzen, schmerzlosen Sturzgeburt mit Vehemenz ins Dasein getreten, hätte also in dieser Nacht noch friedlich als Embryo im Mutterleib schaukeln sollen), gerettet also wurde sie durch die Kraft ihrer Stimme, das Penicillin und die Liebe ihrer Mutter, die sie trotz zahlreicher Kinderkrankheiten inmitten einer Schar von Geschwistern erfolgreich aufzog. Von seiten ihres Vaters bescherte ihr dieser dramatische Auftakt ihres Lebens eine doppelte Portion Heiligen Geistes: Sie wurde von ihm mit lauwarmem Kamillentee (Weihwasser war in der Schnelligkeit keines zur Hand) auf den Namen Amanda notge-

tauft und später noch einmal ordnungsgemäß vom Pfarrer in der Kirche, im Familientaufkleid.
Jetzt schluchzte sie in Nikolaus' Armen zwischen den Brennesseln und ließ sich von ihm Mut zusprechen. Er trocknete ihre Tränen, betrachtete sie von oben bis unten und riet ihr, sich einmal vor Augen zu halten, was sie selbst aus sich gemacht hatte, gleichgültig, ob andere sie liebten oder nicht. Damals waren sie anschließend mit der Straßenbahn in die Stadt gefahren, hatten sich mit einer Klofrau vom Südbahnhof, die zu den wenigen Fahrgästen an diesem Pfingstsonntagnachmittag zählte, über die mögliche weitere Entwicklung des Wetters unterhalten und waren dann ins *Metropol* gegangen, wo sie sich einen englischen Kriminalfilm, der im achtzehnten Jahrhundert spielte, anschauen wollten. Auch bei dieser Gelegenheit setzte sich die Glückssträhne fort, die in Amandas und Nikolaus' Schicksalsnetz geflochten war, seit sie sich liebten. Nikolaus hatte ihr bald nach ihrem Kennenlernen einen Brief in einem blauen Umschlag geschickt, der eine Fotografie enthielt, die in einem Hotelzimmer in Marienbad aufgenommen worden war. Sie zeigte oben auf dem Schrank Nikolaus' gestrickte Wollwintermütze und daneben aufgestellt ein Buch von einer gewissen Gertrud Höhler mit dem Titel *Das Glück – Analyse einer Sehnsucht.* Zur Sehnsuchtsbekämpfung hatte Amanda damals Nikolaus angerufen, und das erste Wunder ereignete sich: Sie warf bloß einen Schilling in die Telefonzelle und konnte endlos mit ihm reden. Im *Metropol* ereignete sich dasselbe: Die Kinovorstellung war ausverkauft, doch plötzlich trat ein Mann auf Amanda zu, der irrtümlich zwei Karten zuviel für Bekannte gekauft hatte, und bot sie ihnen an. Nach dem Kino schleckten sie ein Eis und schlenderten eng umschlungen durch die Stadt. Amanda hatte den Eindruck, daß die Leute sie verwundert betrachteten und manchmal lächelnd stehenblieben. Als sie plötzlich in einem Schaufenster ihr Spiegelbild entdeckte, blieb auch sie verwundert stehen: Nikolaus und sie sahen so jung und glücklich aus, daß sie förmlich strahlten. Nikolaus jedoch machte keine Anstalten, in ihr Zimmer in der Pension *Franz* hinter der Votivkirche zurückzukehren, sondern zog sie auf immer neue Umwege. Schließlich kamen sie aber doch in dem mit Bildern im Makart-Stil gründerzeitlich dekorierten Stiegenhaus an

und betraten die Nr. 201. Nun verstand Amanda den Grund von Nikolaus' Zögern: Sie lagen bald zwischen den Laken des viel zu weichen Pensionsbettes und hielten sich eng umschlungen, doch Nikolaus' Liebeswerkzeug versagte in dieser Nacht, die ihre erste Liebesnacht war, den Dienst. Amanda drückte ihn an ihr Herz und ließ sich von ihm streicheln, bis sie glückselig in seinen Armen einschlief; Nikolaus verbrachte etwas unruhigere Stunden.

Er war der älteste Sohn eines vermögenden, aber geizigen Beamtenpaares: Noch jahrelang erzählte sein Vater voller Stolz, daß er zur Feier der Geburt seines Sohnes sich den Luxus eines Achtels Rotwein gegönnt habe. Seine Mutter sperrte abends zu Hause den Küchenschrank ab, damit sich außerhalb der Zeit niemand etwas zu essen holen konnte. In dieser tristen Atmosphäre wuchs Nikolaus neben einem jüngeren Bruder heran, der angeblich lediglich geboren worden war, damit Nikolaus kein Einzelkind bliebe. Seine Eltern besserten eigenhändig seine Hausaufgaben und Schulzeichnungen aus, damit Nikolaus ihnen keine Schande mache. Als er erwachsen war, verließ er sein Heimatland und ging nach Deutschland, um dort sein Brot zu verdienen und sein Glück zu suchen. Amandas zärtliche Liebe war ihm bei einem seiner seltenen Besuche zugefallen, die er dem Land seiner Kindheit von Zeit zu Zeit abstattete.

Am nächsten Morgen führte Nikolaus Amanda in das Haus Berggasse Nr. 19, wo sie sich gemeinsam in das Besucherbuch des Sigmund-Freud-Museums eintrugen. Bei dieser Gelegenheit kaufte sich Amanda eine Ansichtskarte von Freuds mit orientalischen Teppichen belegtem Behandlungssofa, die sie über ihrem Schreibtisch aufhängte. Nikolaus und Amanda verabschiedeten sich am Westbahnhof voneinander, nicht ohne vorher in einem Automaten ein gemeinsames Foto angefertigt zu haben, auf dem sie sich während ihrer Trennung anblicken konnten.

Amanda hielt es nicht lange ohne Nikolaus aus und flog bald darauf zu ihm nach Berlin, im Sommer 1984, der eine Hitzewelle mit Temperaturen bis zu 34° Celsius brachte. Als Nikolaus sie am Flugplatz abholte, wohin sie nicht auf Flügeln des Gesanges, aber mit einer kleinen Chartermaschine geflogen war, hielt er einen blauen Eisenhutstengel voller Blüten in der Hand, den er ihr zur

Begrüßung überreichte. Amanda, die botanisch sehr bewandert war, wies ihn auf die Giftigkeit dieser Blume hin, doch der ahnungslose Nikolaus hatte sie lediglich wegen ihrer Farbe und Form gekauft.

An einem der folgenden Abende besuchten sie eine Vorstellung des Musicals *Ghetto*, in der Inszenierung von Peter Zadek in der Freien Deutschen Volksbühne. Amanda fühlte sich allein: Sie spürte, daß sie Nikolaus nie erreichen würde, denn das Debakel der ersten Nacht hatte sich zwar nicht wiederholt, doch wollte Nikolaus mit ihr lediglich eine Woche anstatt des ganzen Lebens verbringen. Auf der Bühne sang Esther Ofarim einen melancholischen Tango von Peer Raben, und Amanda spürte ihren Schmerz so heftig, daß ihr die Tränen über die Wangen rollten. Nikolaus hielt ihre Hand und erzählte ihr nachher, daß er sich ihr noch nie so nahe gefühlt habe. Amanda küßte seine Nase und schneuzte sich.

Ein Jahr später, denn solange hatten sie beide ihre Liebe noch gepflegt, traf sie ihn zur scheinbaren Versöhnung und dann zur – wie sie glaubte – endgültigen Trennung in Linz. Nikolaus war am nächsten Morgen nicht erschienen; sie verabschiedeten sich erst gegen Abend in einem Antiquariat, wo Amanda zufällig ein Buch aus den zwanziger Jahren in die Hände fiel, das eine Serie von Totenmasken zeigte. Amanda begleitete Nikolaus zur Haltestelle der Straßenbahnlinie Nr. 3, die ihn zum Bahnhof führen sollte, drückte ihn an sich und gab ihn frei. Er wollte nicht einmal zum Zug begleitet werden.

Nikolaus schrieb ihr immer wieder Briefe, munterte sie auf und verblüffte sie mit Ideen zu neuen Projekten. Ein halbes Jahr nach ihrer Trennung besuchte er sie und verbrachte mit ihr drei Tage ohne Tränen. Statt einer blauen Blume hatte er diesmal gelbe Tulpen mitgebracht, doch Amanda war in ihrem innersten Herzen noch immer von ihrer Liebe überzeugt. Dann sahen sie sich flüchtig auf einer Tagung: Er hatte vorher eine Ansichtskarte geschickt, die sein Kommen ankündigte und auf der ein glatzköpfiger Mann abgebildet war, der aus den Fluten eines Flusses auftauchte. Amanda versuchte noch einmal, ihn zurückzugewinnen, doch ohne Erfolg. Er reiste ohne sie ab, da plötzlich ein blondes Wesen

im 2CV aufgetaucht war, das ihn einfach entführte. Amanda knirschte mit den Zähnen und ärgerte sich noch mehr, als sie bei ihrer Rückkehr nach Hause eine Ansichtskarte fand, die leider zu spät angekommen war. Sie zeigte ein elegantes Paar in Schwarz-Weiß bei einem exquisiten Abendessen und trug den Text: »Invitation à un dîner en ville.« Es wurde ihr ganz warm ums Herz, und sie schrieb ihm eine Karte, daß sie diese Einladung gern bei passender Gelegenheit annehmen würde. Sie wußte zwar nicht, ob Nikolaus' Adresse noch stimmte, aber sie hoffte, er würde immer wieder auftauchen und sie finden, auch wenn sie in Südamerika zehn Waisenkinder großzöge. Die nächste Karte kam aus Dubrovnik, zeigte ein zerbröckelndes Reiterdenkmal und trug den Text: »Liebe Amanda! Ich umkreise gerade den potentiellen Humboldt-Stipendiatsort Budapest vom Süden her. Der Ostblock läßt mich nicht los. Liebe Grüße Nikolaus.«
Amanda dachte, daß ihn wahrscheinlich etwas ganz anderes nicht losließe, und ballte die Faust. Nikolaus' Adresse hatte sie verloren, er reiste irgendwo in der Welt herum, er hatte sie verlassen. Bei einem Freund blätterte sie zufällig in *Horizontal*, dem Gewerkschaftsblatt der österreichischen Prostituierten, und las folgende Anzeige: »Hast du Lust, schnell und viel Geld zu verdienen? Komm zu uns in die Villa Ostende! Geregelte Arbeitszeit – nette Kolleginnen – schöne Zimmer – günstige Miete – Arbeitszeit, wie du möchtest, Tag oder Nacht. Komm in die Eisenbahngasse 14, und du wirst sehen, daß man auch heute noch auf saubere Art viel Geld verdienen kann. Villa Ostende, Linz, Eisenbahngasse 14.«
Amanda packte ihren Koffer, ging auf den Bahnhof und löste eine Fahrkarte nach Linz.

Friederike Mayröcker

Mit dem Speer werfen

mit dem Speer werfen
    in ein fremdes Herz und
    das untergehende Auge sieht zu
mit gefesseltem Geist
    durch die Stadt gehen
    über die Brücke unter Abendrosen
mit den Händen festhalten
    deine Stirn deinen Fusz dein Herz-Blatt
    wie ein Eichenblatt im Herbst nach dem Ausritt

mit dem Kahn treiben
    auf einem blauen Teich den es nicht gibt
    dein Gesicht schwebend in meinen Händen
mit den gelösten Nachtigallen
    dein Herz ansingen tag- und nachtlang
    bis es still wird wie Wolken im September

Manchmal bei irgendwelchen zufälligen Bewegungen

Manchmal bei irgendwelchen zufälligen Bewegungen
streift meine Hand deine Hand deinen Handrücken
oder mein Körper der in Kleidern steckt lehnt fast ohne es zu wissen
einen Augenblick gegen deinen Körper in Kleidern
diese kleinsten beinahe pflanzlichen Bewegungen
dein abgewinkelter Blick und dein Auge absichtlich ins Leere wandernd
deine im Ansatz noch unterbrochene Frage wohin fährst du im Sommer
was liest du gerade
gehen mir mitten durchs Herz
und durch die Kehle hindurch wie ein süszes Messer
und ich trockne aus wie ein Brunnen in einem heiszen Sommer

Johanna Moosdorf

Freundinnen

Aneinandergelehnt
mit dem schweren Gang Liebender
kommen zwei junge Frauen
fließbandmüd
aus dem Werktor

Sie umarmen sich heftig
ich brauche dich so sehr
gehen weltvergessen
ein Gelächter den Männern
ein Ärgernis ihren Frauen
gesellschaftlich unerwünscht
Wagnis ohnegleichen
meist scheitert es hörte ich
aber über Nacht wuchsen Lilien
auf dem Fabrikhof
ausgesetzt tödlichen Gefahren
Ruß- und Rauchstößen
fressenden Säuren
ihre Atemluft: Kohlenoxyde
ihr Mut:
zäh und zart

Dein Schrei

Ich habe einen Schnee gehäuft
zwischen dich und mich
er schmolz unter deinem Lachen.

Ich habe einen Berg gesetzt
zwischen dein Wort und meins
er versank unter deinem Schritt.

Ich ließ fließen Ströme des Zorns
sie verrannen
ich blies an die Feuer der Zweifel
sie erloschen
ich rüttelte am Tor deiner Gewißheit
du standest fest

ich streute in deinen Wein, süß wie Sonne,
das bittere Salz meiner Wahrheit
du trankst ihn mit Lust:

hoch in deinen wolkenlosen Himmel
fliegt, ein bunter Vogel,
dein Schrei.

Ronnith Neumann

Eine unabsehbare Zeit

Als Scotty das Haus erreichte, brach gerade der Dachstuhl herab, fast gleichzeitig hörte er einen Schrei. Seitdem er in Los Angeles für die dpa arbeitete, hatte er ein Erdbeben dieser Stärke noch nicht erlebt.

Es hatte einige Vorbeben gegeben, die niemand ernst nahm, das geschäftige Treiben der Millionenstadt ließ sich durch solcherlei Nebensächlichkeiten nicht unterbrechen. Scotty, der vor dreieinhalb Jahren von Berlin nach L. A. gezogen war, fuhr um neun Uhr morgens wie gewohnt in die Redaktion, tippte einen sorgfältig ausgewogenen, passend beunruhigenden Bericht und schickte ihn per Telefax in die Heimatredaktion nach Hamburg. Bis sie die Meldung in den deutschen Mittagsnachrichten verbreiten würden, dachte er, wird sich hier in L. A. schon keiner mehr an den leicht verstärkten Pulsschlag der Erde, wie Scotty die Beben nannte, erinnern.

Es muß dann kurz vor halb fünf gewesen sein, Scotty verließ gerade den französischen Coffeeshop, in dem er traditionsgemäß jeden Nachmittag seinen Brioche mit einem großen café au lait genoß, als ein böiger Wind losbrach und fast gleichzeitig der Boden unter ihm zu schleudern begann. Es war wie auf einem durch hohe Wellen heftig schwankenden Schiff, nur ruckartiger und gewaltsamer, es war bösartig, und plötzlich hörte er ein Tosen, es war wie in einem riesigen Maschinenraum, in dem alle Maschinen auf einen Schlag zu arbeiten begannen, er spürte einen kräftigen Stoß, ein Aufbäumen, etwas unter ihm riß auseinander, unidentifizierbare Gegenstände wirbelten zu allen Seiten um ihn herum, während seine Füße emporgehoben wurden und er im Uhrzeigersinn um sich selber kreiste.

Es dauerte nur wenige Sekunden, die Scotty wie eine Ewigkeit vorkamen. Er fand sich auf allen vieren wieder, vor ihm klaffte der Asphalt auseinander, hinter ihm war der Bordstein, von dem er heruntergeschleudert worden war, zu einem Trümmerfeld zusammengefallen. Der Coffeeshop war als solcher nicht mehr zu erkennen, das Namensschild wippte schnarrend über einem querliegenden Holzbalken, und von irgendwoher gellten plötzlich Schreie zu ihm herüber, etwas Weißes schoß an ihm vorbei, dann Sirenen, Rufe, schrilles Geschrei, etwas in ihm riß ihn auf die Füße, eine Kraft peitschte ihn voran, er sah sich rennen, um Ecken biegen, über Tote und Verletzte, über Trümmer springen, er nahm den Tod unter seinen fliegenden Füßen nicht wahr, nicht die Schreie, nicht die Sirenen der Feuerwehr- und Krankenwagen, die sich ihren Weg durch das Chaos zu bahnen versuchten, es peitschte ihn vorwärts, und er rannte und rannte, bis er schließlich vor dem Haus anlangte.

Er stand wie angewurzelt und starrte hinauf, als gerade der Dachstuhl herabbrach, zu gleicher Zeit zerriß ihn jener Schrei. Er stürzte ins Haus, ohne irgendeinen Gedanken, schlug sich durch die Trümmer zwei Stockwerke hinauf und trug die Frau durch herunterbrechende Balken und herabrieselnden Mörtel hinaus ins Freie. Da sie keine Schuhe trug, lief er ein zweites Mal ins Haus, und als er mit den Stiefeletten in der Hand wieder herauskam, brach der Rest des Gebäudes hinter ihm zusammen. Die Frau kauerte am Boden, Scotty schätzte ihr Alter auf Anfang Sechzig. Sie starrte ihn mit fahlen Augen dumpf an, ihre Lippen zitterten, und er stellte die Stiefeletten neben sie und ging, um einen neuen Bericht nach Deutschland zu faxen und um sich ein Hotelzimmer in einem anderen, vielleicht unbeschädigter gebliebenen Stadtteil zu suchen.

Es verging eine knappe Woche, bevor Scotty zu dem Haus ging, in dem er zwei Jahre lang gewohnt hatte, aus dem er die Frau herausgetragen hatte. Erst Stunden später war ihm die Gefährlichkeit seines Rettungsunternehmens bewußt geworden, und er hatte geweint und gelacht und immerzu ungläubig sein Spiegelbild angestarrt, bis er schließlich eine Rasierklinge holte, sich in den Finger schnitt, das Blut betrachtete, das langsam und stetig aus der Wunde sickerte, und zu seinem Spiegelbild sagte: »Du lebst, du Idiot, was willst du, du lebst!«

Sie mußte schon eine Weile davorgestanden haben, sie schien tief in Gedanken, aber als er zögernd hinter sie trat, drehte sie sich in einer raschen Bewegung herum, fixierte ihn sekundenschnell und flog in seine Arme. Sie lachte und weinte und tätschelte ihm immerfort die Wangen und bezeichnete ihn als ihren Lebensretter, während Scotty, von Rührung und Peinlichkeit gleichermaßen erfaßt, nicht wußte, wohin er seinen Blick lenken sollte. Sie hockten sich zwischen die Trümmer, auf die Mauerreste einer Hauswand, und hielten einander bei den Händen. Sie war viel kleiner als Scotty, zierlich, gepflegt, sie trug ein türkisfarbenes Seidenkostüm mit einer weißen spitzenbesetzten Bluse und dezenten Goldschmuck, ihre klaren Augen blickten sanft und bewundernd zu ihm auf.

»Es ist wie in einem Krieg«, sagte sie, »zwei Menschen, die sich in den Trümmern finden, und nun hocken wir hier beieinander und wissen nicht mal den Namen des anderen. Ich bin Saskia Grünbaum, und Sie, mein großer Retter, wer sind Sie?«

Scotty mußte lächeln, ihre Art, zu sprechen und ihn anzublicken, faszinierte ihn. Er fühlte sich wohl in ihrer Gegenwart, unter ihrem Blick. Eine behagliche Wärme durchströmte ihn, eine Geborgenheit.

»Mein Name ist Bernhard Schmidt. Aber alle Welt nennt mich Scotty, fragen Sie mich bitte nicht, warum.« Er hatte den Namen ›Bernhard‹ amerikanisch ausgesprochen.

»Bernhard Schmidt. – Schmidt. ›Schmidt‹ ist ein deutscher Name. Sie sind Deutscher, nicht wahr?«

Scotty nickte, sie zog ihre Hände in einer plötzlichen Bewegung aus den seinen, etwas Kaltes rieselte seinen Rücken hinab, er fühlte sich auf einmal allein gelassen. Er suchte das Sanfte ihrer Augen, aber sie wandte sich von ihm ab und hielt ihren Blick starr nach vorn gerichtet auf einen mit zerbrochenem Fensterglas und Holzbalken bespickten Trümmerhaufen ihres gemeinsamen ehemaligen Hauses.

Sie kehrte aus weiter Ferne zu ihm zurück, und als sie ihn ansah, erschrak er vor der Härte, die auf einmal in ihrem Blick lag. Es war ihm, als stünde mit einemmal eine Wand aus Eis zwischen ihnen, und sie sagte: »Sie sind ein Deutscher. Es ist das erste Mal, daß ich

mit einem Deutschen spreche. Nach langer Zeit. Ich bin in Deutschland geboren. Mein Vater war in Buchenwald und Theresienstadt. Später hat man ihn in Auschwitz vergast. Ich habe niemals mit einem Deutschen darüber gesprochen. Und jetzt kommen Sie, retten mich aus den Trümmern und schenken mir zum zweitenmal das Leben.«
Scotty schwieg. Er hatte noch nie mit einem Opfer des Holocaust gesprochen, und es kam ihm der Gedanke, daß erst die Amerikaner der dunkelsten und unmenschlichsten Vergangenheit seines Volkes einen Namen gegeben hatten. Das Wort ›Holocaust‹ hämmerte sich in seinen Schädel, und er begriff, daß er zum erstenmal so etwas wie Scham empfand. Der Holocaust hatte bis dato eigentlich keinen Platz in der hektischen, aufregend schönen Welt seines Journalistendaseins, allenfalls durch hier und da eingestreute Randbemerkungen vergangenheitsangehauchter Berichte. Das Dritte Reich war nicht sein Thema; er war Wirtschaftsjournalist, und als solcher interessierten ihn die Verstrickungen der Öl- und Handelskriege der Gegenwart.
Er betrachtete die kleine Frau an seiner Seite, sie war bestimmt fast doppelt so alt wie er, und sagte leise: »Sie sind Jüdin, nicht?«
Sie sah ihn an.
»Es tut mir leid. Wirklich. Ich schäme mich«, sagte er und blickte rasch von ihr fort.
»O nein«, sagte sie, »bitte, Sie brauchen sich nicht zu schämen. Sie sind doch noch viel zu jung. Sie können nichts dafür. Sie trifft keine Schuld. Nur... verstehen Sie... es war so überwältigend für mich, so überaus überwältigend und überraschend, zum erstenmal wieder mit einem Deutschen zu sprechen. Jahrelang stellt man sich diesen Augenblick in allen Einzelheiten vor, in dem man jedwede Schreckens- und Leidensbilder wieder und wieder durchwandert, und dann ist dieser ersehnte, gefürchtete Augenblick da, ganz schmucklos und plötzlich und in der Gestalt eines Retters, der einem das Leben zum zweitenmal schenkt.«
Ihre Hände umfaßten Scottys Wangen, sie zog ihn zu sich herab und küßte ihn sanft auf die Stirn.
»Ich darf das, Scotty. Ich könnte bestimmt Ihre Mutter sein, meinen Sie nicht?«

Die Kälte in seinem Rücken wich einer Welle schweißnasser Hitze. Er legte seine Hände in ihren Schoß und sein Gesicht in die Schale seiner Hände. Sie ließ ihn. Tränen machten Saskia Grünbaum nichts. Seit sie ein kleines Mädchen war und mit der Mutter den Vater und die Heimat für immer verlassen mußte, kamen Tränen nicht mehr an sie heran, nicht die Trauer und nicht die Liebe.

Das Restaurant, in das Scotty Saskia Grünbaum führte, lag außerhalb der Stadt, in einer Gegend, die von dem Erdbeben verschont geblieben war. Er hatte einen der drei Redaktionswagen genommen, und sie waren auf abenteuerliche Weise und über eine Vielzahl von Umwegen durch die verwüsteten Stadtteile L. A.'s gefahren, bis sie schließlich die Überlandstraße nach Salt Lake City erreichten, wo der Weg über eine Gabelung linksseitig zu einem winzigen, versteckt liegenden Gartenrestaurant führte, das Scotty seinen Geheimtip nannte. Sie saßen in einer mit Oleander, Bougainvillea und Geranien beschatteten Nische, aßen Haifischsteaks, mit allerlei Gemüsen und Salaten umlegt, tranken dazu einen leicht gekühlten französischen Weißwein, und Scotty konnte sich im nachhinein nicht mehr genau daran erinnern, wodurch, wie und in welchem Augenblick es geschah.
Saskia Grünbaum hob ihr Glas, prostete Scotty zu und sagte: »Da ich die Ältere von uns beiden bin... ich heiße Saskia.« Ihre Handgelenke schlangen sich über den Tisch hinweg umeinander, kichernd trank jeder einen Schluck aus dem Glas des andern, und diesmal war es Scotty, der das Gesicht der kleinen Frau zu sich herüberzog und ihr einen Kuß auf die geschürzten, leicht geöffneten Lippen drückte.
»Nein, ich habe keine Kinder, ich war nie verheiratet«, antwortete Saskia auf Scottys Frage. »Eine Heirat, also die Liebe zu einem Mann, wäre mir wie ein Verrat an meinem Vater erschienen. Ich habe ihn mit zehn zum letztenmal gesehen. Er sah so traurig aus auf dem weiten, regennassen Platz in seinem langen Mantel, mit seinem großen breitkrempigen Hut und dem Koffer in der Hand. Auch Mutter hat nicht wieder geheiratet. Sie war eine schöne Frau, aber sie hat seinen Tod niemals überwunden.«

»Hast du dich nie einsam gefühlt?«

»Mutter hat sich immer ein wenig einsam gefühlt. Sie lebte hier bis zuletzt im Exil, obwohl sie gut englisch sprach. Ich habe gelernt, in mir zu wohnen. So habe ich schließlich die Einsamkeit besiegt.«

Scotty betrachtete ihre schmalen Hände, die ruhig auf der Tischplatte zu beiden Seiten des abgegessenen Tellers lagen, die leicht nach innen gekrümmten Finger, die lackierten, sorgsam gefeilten Nägel, das dichte Netz der feinen Linien und Altersflecken, und das Gefühl einer unendlich tiefen, verläßlichen Geborgenheit, einer Zärtlichkeit ohne Stricke und Fallen, ohne Vorbehalte, Bedrohungen und Schmerzen durchströmte ihn.

Scotty hatte sein Elternhaus mit achtzehn verlassen. Soweit er zurückdenken konnte, hatte er seine Mutter leidenschaftlich und kompromißlos gehaßt. Seinen Vater kannte er nicht. Nach offizieller Darstellung der Mutter galt er als verschollen, Scotty glaubte ihn lebenslang in irgendeinem Gefängnis, er erfuhr nicht einmal seinen Namen, dieser durfte im Hause seiner Mutter nicht erwähnt werden.

Scotty empfand seine Mutter als grausam, herrschsüchtig und ein Stück asozial, Freunde brachte er nie mit nach Hause, die Mutter erlaubte es nicht, und Scotty hätte es nicht gewagt, sich ihren strengen Maßregelungen zu widersetzen. Hinzu kam, daß er sich ihrer schämte, ebenso der Unordnung und der Unsauberkeit, in der sie beständig lebten. Die Mutter verstand es nicht, einen Haushalt zu führen, sie schlug ihn regelmäßig, bekochte ihn unregelmäßig und stets am Rande der Genießbarkeit, Scotty lebte in der Regel von Hot dogs, Hamburgern und Süßigkeiten, keine der von Zeit zu Zeit angestellten Haushälterinnen hielt es länger als zwanzig Tage bei ihr aus, nach der sechsten hatte sich die Adresse herumgesprochen, und sie gab die Suche endgültig auf.

Scottys Mutter war Schauspielerin, sie lebte für ihre Rollen und in ihnen. Scotty betrachtete sie als einen dummerhaften, unvorhersehbaren, ihrer Karriere nicht förderlichen Fehltritt, er wurde von seinen wenigen Freunden offen und vorbehaltlos beneidet. Mit achtzehn baute er ein mittelmäßiges Abitur, und einen Tag danach kehrte er ihr endgültig den Rücken. Er verließ das Haus ohne ein Wort des Abschieds, kaufte sich vom Ersparten eine Flugkarte nach Paris, jobbte eine Zeitlang, ohne ein Wort französisch zu sprechen, in den Küchen diverser Bistros und Brasserien, fuhr im Frühjahr per Anhalter nach Marseille und heuerte als Matrose auf einem Obst- und Gemüsefrachter Richtung Kleinasien an. Zwei Jahre später bewarb er sich in der Redaktion eines Berliner Lokalblättchens und drei Jahre danach in der Hamburger Redaktion der dpa. Er beherrschte Englisch und Französisch in Wort und Schrift und sprach fließend italienisch und spanisch.

Scotty strich mit den Fingern über Saskias Handrücken, die Haut fühlte sich an wie Pergamin, über ihre Nägel, die vom Alter längsseitig schon ein wenig gerillt waren. Er blickte auf und sah in ihre Augen, dieser warme, wachsame Blick, er hatte noch nie mit jemandem über seine Kindheit gesprochen, er hatte jene Zeit verdrängt, abgehängt, irgendwann am Haken einer Garderobe aufgehängt und vergessen. Er hatte sich in die Arbeit gestürzt, in sein flatterhaftes Journalistendasein, hier und da ein kurzer Flirt, eine gemeinsam verbrachte Nacht, eine Ferienwoche am Meer, verrückt, leidenschaftlich und flüchtig, für die Liebe gab es in Scottys Leben keinen Platz. Er starrte in die Augen der kleinen Frau, in diese weisen, gütigen, von Fältchen und Rillen umrundeten Augen, und plötzlich wurde ihm klar, daß er im Begriff war, sich zu verlieben, sich in eine Frau zu verlieben, die im Alter seiner Mutter war, sich in eine Mutter zu verlieben, so, wie er sie sich vorstellte, in das Bild einer Mutter, so, wie er es sich ausgemalt hatte, all die Jahre hindurch. Scottys Lippen formten sich lautlos und wie von selbst, Saskia legte ihm einen Finger auf den Mund und sagte: »Ich liebe dich auch.«

Sie verbrachten die Nacht in Scottys Hotelzimmer. Saskia wohnte noch bei einer befreundeten Familie, später sollte sie ein eigenes Apartment in einer neuerbauten Anlage beziehen. Zum Frühstück hatte Scotty eine Flasche Champagner, Ham and eggs und Kanapees beim Etagenkellner bestellt. Sie lagen nebeneinander auf der schmalen französischen Liege, Saskias Kopf auf Scottys Brust, ihre Finger umkreisten seinen Bauchnabel, seine spielten in den Spitzen ihrer Haare.

Sie hatten einander gestreichelt, lange und zärtlich, ihre Finger-

kuppen erwanderten sanft und forschend den Körper des anderen, dann hatte er Saskia fast zaghaft genommen, es war für sie beide eine ungewöhnliche, sehr ernsthafte Situation, ein Geschenk.
»Sie werden über uns lachen. Vor allem über dich«, sagte Saskia. Scotty legte ihr den Zeigefinger auf die Lippen. Durch das Fensterglas brachen sich die ersten Strahlen der Morgensonne.
»Niemand wird über uns lachen.«
»Ich bin nur eine alte Schachtel, die noch einmal etwas erleben wollte, ein kleines Abenteuer, bevor sie ...«
Scotty verschloß ihre Lippen mit einem Kuß.
»... so werden sie über uns reden.«
»Interessiert es uns denn, was die andern sagen?«
»Dich wird es interessieren, Scotty. Du bist jung. Dich muß es interessieren.«
»So? – Muß es?«
»Du lebst in ihrer Gesellschaft. Du mußt dich den Regeln der Gesellschaft unterordnen.«
»Muß ich das?«
»Und die Regeln eben jener Gesellschaft besagen nun mal, daß eine Frau im Alter deiner Mutter unmöglich deine Geliebte sein kann. Scotty, du suchst in mir die Liebe deiner Mutter, und ich suche in dir eine Antwort auf die Vergangenheit. Wir suchen beide das Vergessen, aber wir können die Dinge nicht ungeschehen machen. Es ist unrecht, das Schicksal einfach beim andern abgeben zu wollen, weil es allein unser Schicksal ist, abgegrenzt und unteilbar.«
»Hör auf!« sagte Scotty schroff, drückte Saskia an die Seite und stand abrupt auf. Er ging zum Tisch, goß sich ein Glas Champagner ein und stellte sich nackt ans Fenster. Sein Zimmer lag im achten Stock, von hier oben hatte man einen herrlichen Rundblick über die Stadt. Er nippte an dem Champagner und blinzelte in das helle Licht der Vormittagssonne, der Dunst versprach einen heißen Tag, unter ihm pulsierte das Leben. Ein gebräuntes Mädchen in einem kirschroten Minikleid, mit einem dicken, bis zur Taille hinabreichenden Zopf, den eine ebenso kirschrote Schleife zusammenhielt, trat aus dem Hoteleingang auf die Straße und bog raschen Schrittes nach rechts weg, das Klacken ihrer Absätze auf

dem Asphalt hallte bis zu ihm herauf. In einiger Entfernung sah man die Grenzen, wo die Erde aufgehört hatte zu beben, sie waren mit Draht, Pfählen und Schildern markiert, von oben sahen sie ein wenig aus wie die auslaufenden Ränder eines Gemäldes, dahinter, in den Trümmern, die Arme der Baukräne, der Aufbau hatte sofort nach dem letzten Hauptbeben begonnen, die Millionenstadt L. A. konnte sich die erdbebenbedingte Obdachlosigkeit, die außerhalb der Norm lag, nicht leisten. Und am Horizont eine schimmernde Linie, ein blasses grünblaues Aquarell – das Meer.

»Laß uns ans Meer fahren, jetzt gleich«, sagte Scotty. »Laß uns schwimmen gehen, im Meer.«

Er wandte sich ab vom Fenster und sah Saskia mit einem schiefen Lächeln an, seine Augen brauchten einen Moment, um sich wieder an das diffuse Licht des Zimmers zu gewöhnen. Sie lag seitlich aufgerichtet auf dem Bett, den Kopf auf die gefäustete Hand gestützt, und blickte ihn geradeheraus an. Er trank hastig sein Glas leer und unterdrückte einen Rülpser.

»Ja, laß uns schwimmen gehen. Manchmal ist das Meer die Lösung aller Probleme«, sagte sie.

»Ich muß nur noch schnell in der Redaktion vorbei, mein tägliches Fax nach Hamburg schicken. Die sind dort noch immer erdbebengeil.«

Saskia lächelte: »Und ich muß noch meine Badesachen holen.«

»Das machen wir auf dem gleichen Weg«, sagte Scotty. Er saß auf der Bettkante, hielt Saskias Gesicht in seinen Händen, und in dem langen, atemlosen Kuß, der mehr wie ein Verbeißen, ein Verkriechen, ein Ertrinken ineinander war, wußten beide, daß das Meer nicht die Lösung aller Probleme war, daß es vielmehr der Anfang war einer unabsehbaren Zeit des Glücks und der Tränen, eines stillen, unteilbaren Verzeihens.

Helga M. Novak

Liebe

und die Haare in deinen Achselhöhlen
die schmecken nach Salz und Schweiß
du – mein Geliebter – und bloß du
du brennst in den Spalten
flaches Glitzern läuft deine Arme entlang

ein Pferd versank im Flußsand
die Stuten standen herum und wieherten
betrübte Augen – zuletzt fiel die Nässe
in seine apfelgroßen Nüstern
so lange roch es nach den Pferdeweibern

ich rieche dich und ich will dich
wenn ich dich ansehe bestehst du
aus lauter Sonnen
und du scheinst die sauberste
Anschaffung der Erde zu sein

Das Ende vom Lied

mein Herz macht einen Höllenlärm
die Grillen zirpen
der wilde Klee blüht weiß
meine Liebe ist aus den Fugen geraten
ich habe deine Haut satt wie altes Laub
ach setz mich in ein Lumpenboot
das in Lupinen ankert

meine Gedanken sind ein Scheiterhaufen
die Grillen zirpen
der wilde Klee blüht weiß
meine Liebe ist aus den Fugen geraten
die Traurigkeit verschlingt mich
jag mich davon
jag mich davon
ich bin ein feiges Weib
mein Blut fließt rückwärts heute

Sommer

der Himmel ist samtweich und sticht
und die Sonne legt um unsere Füße
so wenig Schatten wie ein Wintertag
ich reiße Nadeln aus und denke
an Schlittenfahren hörst du
die Schneeketten in der Frühe und mich
an Eisblumen schaben
mitten im Juli Schneefall
herbeizuzaubern die alten Kinderspiele
vergeblich dir bei solcher Glut
zu sagen welche Kälte zwischen dir und mir

Respekt

ich zerreiße dein Bild von mir
der Fotograf hat es für ein Lächeln gemacht
keine Ecke meines Stuhles sei dir angeboten
das bewahrt dich vor dem Sturz
mein Morgenmund bleibt verschlossen
und erspart dir den Nachgeschmack
mein Hemd
das ich in deine windigen Klagen hänge
ist taub und ungerührt
als Zeuge gegen dich nicht unter Eid zu stellen
ich schicke dich nach Hause
kann ich mehr für dich tun
um dir nicht in die Quere zu kommen
um dir die Süße nicht zu verleiden
pflücke ich meine Trauben von einem anderen Stock

Gabriele Scheuermann

Mannomannomann

dann
gibt es wieder diese
Tage der Dünnhäutigkeit
wenn
selbst Windstille
dich frieren läßt der
Kaffee heiß wie immer
hat den Beigeschmack von Putzwasser wetten
daß gleich der Bleistift abbricht und
der Deckel auf dem Salzstreuer – na
ja, den Rest kennt man…
dazu gutgelaunte Mitmenschen die
schier platzen vor
Lebenslust und du
legst die Stirn in Falten während
du schlechte Gedichte schreibst
wehe dem
der jetzt zu laut lacht
›Eins in die Fresse oder was?‹
statt dessen:
noch ein Schluck Putzwasser
und danke für den Kloß im Hals

Auch ein Testament

Wenn ich sterben muß
– sterben ist fortgehen –
jetzt oder morgen
und sie geben mir keinen Aufschub
gewähren mir aber ein paar Wünsche
so möchte ich mich
in deinen Armen wissen
und von dort aus
sollen sie mich forttragen
– hinüber

Deine Augen wären nah
und dein Atem warm
und dein Lachen schon Ewigkeit

Nach Gewitter müßte es riechen
und nach frischgeschnittenem Gras
und deine Augen wären nah

Dein Kuß schmeckte etwas bitter
– das kommt vom Abschied
und jetzt
jetzt
spürte ich
daß ich gelebt habe

Die wahre Geschichte

Wie ich ihn kennenlernte, weiß ich schon nicht mehr genau. Oder doch. Egal. Ich erinnere mich daran, daß ich ihn albern fand. Affig irgendwie und großkotzig.
Außerdem liegt mir nichts an blonden Männern – wenn sie zu allem Überfluß auch noch blauäugig sind, werde ich Weltmeister im Nichtbeachten.

Ab und zu sang er ein Lied mit – laut!

Ich vergaß ihn schnell.

Klar, daß er Tage später ein Hupkonzert veranstaltete, als er mich auf der Straße sah. Aufreißer, der er ist, bot er mir an, mich mitzunehmen – es läge auf dem Weg oder so. Ich sprach nicht viel. Vor allem nicht über mich. Wie gesagt, er war nicht mein Typ. So ließ ich mich entsprechend bitten, mit ihm essen zu gehen. Stolz bestätigte ich mir meinen Widerwillen.

Er sprach viel. Vor allem über sich. Er lachte oft und laut. Rauchte gierig. Als er mich zum erstenmal küßte, versuchte ich ihm das alles zu erklären. Er lachte noch lauter. Und küßte weich. Brüchige Prinzipien fühlen sich peinlich an.

Später, als er neben mir schlief, fand ich ihn noch immer zu blond. Nur gut, daß er die blauen Augen zuhatte. Er war wirklich nicht mein Typ. Widerwillig blieb ich.
Geliebt habe ich ihn wie keinen vor und keinen nach ihm.

Helga Schubert

Der Brief

Sie sitzt auf einer Bank an der Grenadirski Most. Und hat seinen Brief in der Hand. Als eben die Post im Studentenwohnheim verteilt wurde, lief sie schnell hierher. Weil sie seinen Brief in Ruhe lesen will. Und nicht unter den vierzehn Augen der anderen Mädchen im Zimmer. Die können sowieso nur mühsam ihre Neugier unterdrücken, die einzige Deutsche im Zimmer und der Grigori. Sie kennen sich seit fünf Jahren und sahen sich anfangs täglich. Sie durfte nicht in sein Zimmer im Internat der Offiziersschule. Dafür kam er zu Besuch in das Achtbettzimmer und half den Mädchen beim Saubermachen und Gardinenaufhängen. Nach einem Jahr mietete er sich ein Zimmer. Die Wirtin fragte nicht groß nach der Dame, die auch da wohnte. Einen Offizier fragt man nicht in der Sowjetunion, dem glaubt man. Dem glaubt man auch, wenn er zwei Flugkarten oder ein Zweibettzimmer im Hotel will. Dem glaubt man, daß er niemand anderes als seine Frau bei sich hat.
Und weil sie nach einem Jahr so akzentfrei sprach, als habe sie ihr ganzes Leben nur mit ihm gesprochen – so war es ja auch –, konnte er sie ruhig als seine Frau ausgeben. Sein General besah alles mit Besorgnis, aber zum Bankett wurde sie doch mit eingeladen. Ihr Dekan besah alles mit Besorgnis, aber da sie alle Prüfungen bestand, morgens pünktlich in der Vorlesung war und darüber hinaus auch noch jeden Tag in ihrem Zimmer im Studentenwohnheim nach Post sah, also da wohnte, war nichts dagegen zu sagen. Was ist, ist.
Jetzt haben sie sich ein Vierteljahr nicht gesehn, denn sie war drei Monate in der Germanskaja Demokratitscheskaja Respublika im Berufspraktikum.
Als sie seinen Brief vorhin bekam, wunderte sie sich, daß er kein Telegramm geschickt hatte. Briefe dauerten doch so lange. Ein Telegramm, daß er kommt. Weiter wollte sie gar nichts. Das braucht er doch nicht weiter zu erklären. Alles Nähere mündlich. Vor ihr

auf dem Tisch lag der Brief und war nicht einmal mit Expreß geschickt.
Das Flugzeug, mit dem er im letzten Jahr immer kam, im letzten Jahr, in dem sie ihn versetzten, das Flugzeug war ein Märchenflugzeug. Wenn er am Sonnabend bei Sonnenaufgang dort einstieg, kam er bei Sonnenaufgang in Leningrad an. Das sollte ihm mal einer nachmachen. Dafür mußte er aber am Sonntag schon am frühen Nachmittag in dieses langsame häßliche Verkehrsflugzeug einsteigen, um rechtzeitig zum Dienstbeginn am Montag wieder dort zu sein. Das häßliche Entlein Flugzeug vom Sonntag. Also kein Telegramm. Diesen Brief hatte er schon vor einigen Tagen geschrieben. Sie sollte ihn also vorfinden, wenn sie aus dem Ausland zurückkam. Ach, so weite Entfernungen. Ein Vierteljahr ist eine lange Zeit. Er wird braun geworden sein. Natürlich, jeder wird im Sommer braun. Warum hat er sich nicht einfach freigenommen, statt einen Brief zu schreiben. Sie wäre an seiner Stelle zum General gegangen. Genosse General, hätte sie gesagt, es gibt nichts Wichtigeres. Und der General hätte es eingesehen. Das hat er aber nicht gesagt, sonst säße er hier neben ihr auf der Bank mit einem Blumenstrauß oder mit irgendwas anderm.
Beim Kennenlernen war er ja auch nicht auf den Mund gefallen. An ihrem allerersten Studientag in der Sowjetunion war das. Wie schlecht sie Russisch konnte, merkte sie damals gleich. Da saß sie mit einem Lehrbuch und einem Wörterbuch daneben und mußte jedes Wort einzeln übersetzen. Und mit ihr im Wohnheimzimmer saßen noch sieben Mädchen, die sie auch nicht verstand. Dann doch lieber Text mit Wörterbuch übersetzen als ein solches Geschnatter. Aber einmal trat kurz Stille ein, und zwar, als ein Mann in der Tür stand. Sie hatte ihn von oben bis unten und dann von unten bis oben angesehen und nur denken können, das ist er, so einfach ist das.
Und er hatte gesagt, sie starrt mich an wie Lenin die Bourgeois. Weil sie das nicht verstand, lächelte sie ihn weiter an. Und er fragte nach Tamara aus seinem Dorf, die hier auch angefangen haben soll zu studieren und der er Leningrad zeigen wollte, damit sie sich zu Hause fühlt. Das hatte er versprochen. Aber wie er sie so verklärt lächelnd sitzen sah, fühlte er auch bei ihr eine Aufgabe. Tamara

war ja bis zum nächsten Tag nicht unter Feinden, man konnte fast sagen, sie war unter Freunden. Darum fragte er die geehrte Wladimira Lenina, ob sie mit ihm ins Kino gehen wolle. Sie verstand soviel, daß es sich um ein Kino handeln müsse, und sagte ja. An diesen Kinobesuch kann sie sich noch sehr gut erinnern, aber nicht mehr an den Titel des Films und die Handlung. Sie brauchte damals eigentlich schon eine Brille, aber das wollte sie ihm nicht antun, deutsch sprechen, das heißt nicht russisch verstehen, und dann noch eine Brille. Er hatte schöne Plätze, ganz hinten, bekommen. Und sie hatte Zeit, ihn sich in Ruhe anzusehen. Sie lernte damals sein Lachen kennen.

Ein ganzes Jahr warteten sie, das heißt wohl doch mehr er, bis zu den sogenannten näheren Beziehungen. Obwohl die sieben Mädchen immer zu einer Verabredung, ins Kino oder in die Bibliothek mußten für zwei Stunden, leider, wenn er ins Wohnheim zu Besuch kam. Als er sein Zimmer noch nicht hatte.

Das Leben ist gar nicht so einfach. Das hat sie in den letzten fünf Jahren gemerkt. Zuerst sagte ihr Tamara aus seinem Dorf, daß er der einzige überlebende Mann aus der Familie ist. Die andern Männer hatten die Faschisten auf dem Gewissen. Er hat ihr das aber nie gesagt. Im Gegenteil, er lud sie zu seiner Mutter ein. Die und auch seine Schwester waren freundlich zu ihr.

Sein General mochte sie, aber von einer Heirat wollte keiner was wissen. Außer ihnen beiden. Und einfach so zusammenleben durfte er bei seiner Stellung auch nicht. Und wenn sie heiraten und er seine Stellung nicht verliert, wird er weit weg versetzt. Und wenn sie dann keine Kinder bekommt, ist sie ganz allein unter fremden Menschen. Nun gut, ihren Beruf könnte sie ausüben, aber so viel schwerer. Noch fünfzehn Jahre will er bei der Armee bleiben. Fünf Jahre danach bleibt er Geheimnisträger. Erst dann darf sie ihre Eltern wieder besuchen. Und die sind schon jetzt über fünfzig Jahre alt. Das war alles gut zu überlegen. Und er fragte viele Behörden. Eines Tages, als er wieder mit seinem Märchenflugzeug bei Sonnenaufgang eintraf, sagte sie ihm noch auf dem Flugplatz, ja. Sie wollte bei ihm bleiben. Das war vor einem Vierteljahr. Zwei Tage später fuhr sie in ihr Berufspraktikum nach Erfurt. Da waren viele Formalitäten zu erledigen. Die Eltern zu

Hause waren geteilter Ansicht. Wenn der eine sich für sie freute, fragte der andere gleich, aber muß es so weit weg sein? Und umgekehrt.
Die Bank an der Grenadirski Most hat keine Lehne, so biegt sie ihren Kopf nur ein bißchen zurück. Und sieht in die Sonne. Irgendeiner soll doch blind geworden sein, als er durch das Fernglas in die Sonne sah, denkt sie. Den Brief braucht sie gar nicht noch einmal zu lesen, er ist sehr kurz. Es ist seine Schrift, ja, deshalb muß sie den Brief doch noch einmal ansehen. Es ist wirklich seine Schrift. Er möchte ihr mitteilen, schreibt er, er möchte ihr mitteilen, daß er geheiratet hat. Wen außer mir, denkt sie. Steht von der Bank auf und fährt weg. Sechs Wochen, gegen alle Bestimmungen. Die waren nicht für sie gemacht.

Petrina Stein

aus der Liebe gefallen

nimm dein Silberzeug zurück
Mond alter Träumer
glanzlos laß liegen
Busch und Tal

bring dein Lied zu Ende
Nachtigall
Süßes hat ausgedient
Marder kommen

es gelten wieder rechte Winkel
und die Gesetze der Schwerkraft
korrekte Temperaturen
nennt das Meßgerät

neu zu erlernen sind
Schritte und Gesten
und die Alltagsbedeutung
der Wörter

das füllt die Zeit aus

später wird der Schmerz zugreifen
mit seinen Krallen
er lauert schon
im Gebüsch

Ereignis im Sommer

Jenny sah den Wald rechts von der Autobahn und nahm die nächste Ausfahrt. Fast dreihundert Kilometer hatte sie hinter sich gebracht, wie in Trance, hatte diesmal nicht ihr Wettspiel gespielt mit dem grauen, weißgezeichneten Asphalttier, das auf sie zuflog und das sie besiegen mußte. Sie kämpfte statt dessen mit ihrem Gefühl. Es schien eine Vorform von Glück zu sein oder vielleicht die merkwürdige Verirrung selbst, die sie so lang vergessen hatte, daß sie sich mit dem Erkennen schwertat. »Kusch«, machte sie, als sei diese aufsteigende Wärme ein unfolgsamer Hund, »kusch.« Sie fuhr ein Stück über die Landstraße, dann einen steilen Feldweg hinauf. Am Waldrand hielt sie an und stieg aus.

Sie trat in betäubende Stille und den Duft von Heckenrosen. Die Junisonne stand im Westen, die Obstbäume im Tal warfen lange Schatten. Ein leichter Wind kräuselte die Getreidefelder, die sich vom Grün der Wiesen blaßbeige abhoben. Auf der Weide am Hang grasten ein paar Rinder. Gelassenheit ging aus vom Land, eine sanfte Beschwichtigung. Kindheit schien nahe.

»Heimatkitsch«, sagte Jenny automatisch. Seit einiger Zeit redete sie laut vor sich hin, wenn niemand dabei war. Sie beurteilte das nicht wie ihre Kollegen, die sich über brabbelnde Mütterchen mokierten, als erstes Anzeichen des Einsamkeitskollers, sondern als souverän kontrollierte, mithin ungefährliche Marotte. »Kalenderromantik. Lesebuchquatsch«, sagte sie laut. Mit solchen Stichwörtern pflegte sie sich zurückzuholen, wenn sie fürchtete, in Gefühligkeit abzugleiten. Diesmal verfingen die Ordnungsrufe nicht. Zu genau wußte sie, wozu sie hergekommen war, was sie hier suchte. Im Wald wohnte die Baba Jaga, die nahm kleine Mädchen auf die Knie und erlaubte ihnen zu weinen. Jenny lachte so schrill, daß eine der Kühe den Kopf hob. Da warf sie sich ins Moos und ließ zum hundertstenmal den Film von diesem Tag ablaufen.

Den Auftrag an den neuen Grafiker hatte der Juniorchef selbst

vergeben, deshalb hatte Jenny einen seiner Studienkollegen erwartet oder sonst einen der jungen Weltbeweger, die gerade das Leben erfanden. Aber dieser Ernst Drechsler, der mit seiner Skizzenmappe im Verlag auftauchte, war noch einige Jahre älter als sie selbst, gut über fünfzig. Er begrüßte sie bizarrerweise mit Handkuß. Charmant altmodisch war auch die kleine Verbeugung, mit der er sich bei Gundel für ihren dünnen Vorzimmerkaffee bedankte. Er sei mit der Bahn in die Stadt gekommen, erklärte er auf Jennys Fragen. Er habe früher hier gelebt, jetzt fühle er sich in ländlicher Umgebung wohler. Während des Small talk sah sie sich den Mann ungeniert an. Er war mittelgroß und sehr schmal, mit den Händen und Handgelenken eines Tänzers. Auf dem mageren Körper saß ein unerwartet massiger Kopf mit farblosem, ziemlich gelichtetem Haar; das Gesicht war nach allen Richtungen zerfurcht, schien auch in Ruhe ständig in Bewegung, in den Mundwinkeln steckte Heiterkeit, in den grauen Augen Melancholie. »Eine lebendig gewordene Janssenzeichnung«, dachte Jenny, »interessant.« Er hatte Jeans an und ein schwarzes Seidenhemd, worin er sich offensichtlich wohl fühlte. Drechsler ertrug ihre Musterung ohne Verlegenheit; auch das gefiel ihr.
Seine Vorschläge für das geplante Biologielehrbuch waren gut. Die Zeichnungen, auch die schematischen, hatten den Pfiff, den das Schulgremium für wünschenswert hielt, ohne doch Comic-Klischees zu sein. Sie lobte die Einfälle, er bedankte sich. Er sagte nichts weiter als danke, so unaufgeregt, als hätte er eine Wegauskunft erhalten, ließ aber gleichzeitig sehen, daß er sich freute. Da war nichts von der Arroganz oder unechten Bescheidenheit der verkannten Leonardos, mit denen Jenny meist zu tun hatte. Sie dachte wieder: »Interessant.« Und dachte auch: »Ich hatte recht mit den Mundwinkeln.«
Dann konzentrierte sie sich auf die Details der Arbeit. Manches erschien ihr für Neunjährige zu kompliziert; sie regte Vereinfachungen an. Er kam um den Schreibtisch herum an ihre Seite, um seine Skizzen zu erläutern. Und da ereignete sich, was in der Schatzkammer ihrer Erinnerungen, dessen war sie ganz sicher, bis ans Ende bleiben würde, gehegt und immer wieder hervorgeholt wie jener ersehnte und verbotene Kuß ihres Lehrers vorzeiten, wie

das erste Nein, das sie der Mutter gegenüber wagte. Als nämlich Drechsler sich herunterbeugte und ihr dabei nahe kam, fühlte sie etwas, wovon sie gelesen, was sie sich aber nie hatte vorstellen können: ein magnetisches oder elektrisches Kribbeln, eine warme, flüchtige, gleichwohl tief irritierende Empfindung auf der Haut, als ob eine Schar Ameisen mit wattierten Füßchen darübertanzte. Der Mann mußte das gleiche gespürt haben, denn er zuckte zusammen wie sie. Eine Sekunde sahen sie sich erschrocken in die Augen, dann trat er einen Schritt zur Seite, und sie redete sachlich weiter.
Doch da war ein Engel durch den Raum gegangen, ein Dämon eher, ein bocksfüßiger Gott, den zu beschwören maskierte Priesterinnen ehedem bis zum Umfallen tanzten im Staub vor archaischen Tempeln. Mit etlicher Mühe gelang es Jenny, die unbefangene Atmosphäre wiederherzustellen. Aber sie war bereits entschlossen, Drechsler zu verführen oder, da er vermutlich auf traditionelle Formen Wert legte, sich von ihm verführen zu lassen.
Verblüfft sann sie dem Wort nach, das ihr da in den Kopf gekommen war. Nach ihrer Scheidung hatte Jenny privaten Umgang mit Männern längere Zeit gemieden. Wie ein Haken saß ihr die Demütigung im Fleisch, daß ihr Mann sie für dumm verkauft und sich von Anfang an Nebenfrauen gehalten hatte. Tessa, ihre fast erwachsene und ständig verliebte Tochter, hatte eine Weile rührend versucht, einen neuen Partner für Mama aufzutreiben. Angegraute Tennisspieler und in Hausmusik vernarrte Schöngeister waren darunter, ein Antiquitätenhändler, ein frisch verwitweter Hausbesitzer. Das Mädchen managte zufällige Begegnungen mit so viel Takt, daß es Jenny nicht übers Herz brachte, sie zur Rede zu stellen. Sie tat, als merke sie nichts, besuchte die verschiedenen Haus- und Gartenpartys und trieb mit grimmigem Genuß ihr eigenes Spiel. Sie veranlaßte die jeweiligen Kandidaten dazu, aufs heftigste zu flirten, um sie dann mit dolchblitzender Eleganz zu brüskieren. Tessa gab es schließlich auf.
Seit einigen Jahren hatte Jenny ein praktisches Arrangement mit Studenten. Derzeit war es ein gewisser Achim, ein freundlicher und diskreter Germanist. Er kam, wenn sie ihn anrief, entschuldigte sich so gut wie nie mit wichtiger Arbeit. Achim brauchte das

Geld, wie er sagte. Jenny vermutete, daß er sich zudem Hoffnung auf spätere Verlagsmitarbeit machte, versprach aber nichts. Selten, drei- oder viermal bis jetzt, hatte sie eine Zufallsbekanntschaft erweitert zu einem *one night stand*. Eben damit, mit dem smarten fremdsprachigen Ausdruck, bezeichnete sie solche Eskapaden. Verführen – wäre ihr das Wort in einem Text untergekommen, sie hätte es belächelt.

Drechsler hörte mitten im Satz zu reden auf und schaute sie an. »Verzeihung«, sagte Jenny, »ich habe an was anderes gedacht. Wollen Sie mit mir essen gehen?« und fügte rasch hinzu, daß es sich um ein Arbeitsessen handle, zu dem sie ihn namens des Verlags einlade. Da konnte er schlecht ablehnen. Sie ließ Gundel einen Tisch beim Italiener reservieren. Kurz darauf kam der Junior vorbei und fand die Entwürfe seinerseits großartig. Jenny machte ihm das erwartete Kompliment über seine Fähigkeit, Talente aufzuspüren, wofür er sich revanchierte, indem er Schmeichelhaftes über sie, seine *First Executive Lady*, sagte. Dieser Austausch amüsierte Drechsler, aber das bemerkte nur Jenny. Später, auf der Toilette, knickste sie ironisch vor der *Executive Lady*. »Ihr seid die Allerschönste hier«, sagte sie zu der aparten Person im Spiegel, die nach Sport und Diät aussah, obwohl Jenny beides nur mit Maßen betrieb. »Ihr könnt Euch herzeigen mit Eurer weichen Haut und dem Marmeladenmund. Wär nur Eure Nase weniger spitz.« Sie tuschte die Wimpern nach, tupfte Parfüm in den Ausschnitt und registrierte ärgerlich den Realismus der Kontrollinstanz in ihrem Kopf: verblühende Brünette veranstaltet amouröses Abenteuer.

Es war fast zwei Uhr, als sie im *Amalfi* eintrafen, einer hell dekorierten ehemaligen Pizzeria mit vorzüglicher Küche. Um diese Zeit waren kaum noch deutsche Gäste im Lokal. Mario, der die meisten Verlagsleute mit Namen kannte, empfahl als Tagesspezialität *Osso bucco*. Drechsler bestellte die gleiche Vorspeise wie Jenny, gebackene Sardinen mit Peperoni, und sie begann ein Gespräch über die südländische Kunst des Kochens. Er reagierte so originell, daß sie sich nach drei Sätzen in eine Erörterung der Kreativität von Primaten verwickelt fand, die Drechsler mit einer witzigen Volte zur Philosophie des Pessimismus hindrehte. Von Schopenhauer geriet man auf Frankfurt am Main, von dessen Museen zur Antithese Künstler/Bürger, zum Subventionstheater, zum Staatshaushalt. Jenny hatte es halb und halb erwartet: Drechsler brüstete sich nicht mit wichtigen Leuten, die er kannte, zählte nicht die Bücher auf, die er gelesen, die Reisen, die er unternommen hatte. Mit seiner dunklen, etwas heiseren Stimme sprach er eher beiläufig von den Dingen, die er wußte, sie indirekt einladend, eigene Erfahrungen und Kenntnisse herzuzeigen. Als der Wein kam, folgten sie bereits einer Art Spielregel, die eine verspielte Regellosigkeit war: Sie ließen die Assoziationen fliegen, blieben bei keinem Gegenstand hängen, warfen einander immer neue Reizwörter zu. Aktuelles und Historisches kamen zur Sprache, Religion und Politik, Medizin, Satire, Geschmack, wie es sich eben ergab.

Nach einer Weile wurde klar, daß es um mehr ging als um funkelnde Konversation über dem gremolataduftenden *Osso bucco*. Neugier war im Spiel, Neugier aufeinander. Sie suchten keine Übergänge mehr, schnitten kurzerhand Thema um Thema an: Was halten Sie davon? Wie finden Sie dies? Sie entdeckten Gemeinsames, selbst in entlegenen Bereichen, dann wieder spannende Gegensätze, die auszudiskutieren nicht Zeit war; sie verschoben es vage auf ein andermal. Dieses unverhohlene gegenseitige Abtasten verstieß gegen alle Regeln der Höflichkeit und war gerade darum prickelnder als jeder übliche Flirt mit seinen kalkulierten Gesten und Blicken. Zudem gelang dieser Tanz so unangestrengt, so schwerelos, als hätten sie ihn jahrelang geübt. »Ein Tanz ist es, ja«, dachte Jenny. »Ein *pas de deux* mit Worten.« Dabei entging ihr nicht eine gewisse Zurückhaltung bei dem Mann, die zuzunehmen schien, je mehr sie voneinander erfuhren. Sie mußte selbst eine kleine Befangenheit in Schach halten. Der sonderbare magnetische oder elektrische Augenblick stand wie eine Trennscheibe zwischen ihnen, die auch nur mit einer Andeutung zu berühren sie sorgsam vermieden.

Beim *zabaione* sprachen sie von Mahlers Neunter, vom Tod im letzten Satz. Danach schwiegen sie eine Weile. Dieses Schweigen war wiederum nicht die kunstvolle Pause eines Flirtspiels, sondern eine natürlich gewachsene Stille, die sie unter sich teilten wie einen Apfel. Drechslers Gesicht nahm wieder die Konturen einer Radierung an. Ohne Vorwarnung begann Jennys Herz zu rasen. Plötzlich wollte sie nichts dringlicher, als dieses Gesicht sich auflösen sehen im Liebeskampf, wollte seinen Tierblick kennen und sein Tierknurren tief aus dem Hals, wollte den Lustschweiß, Blut und Krallen und den Biß des Dämons. Sie wollte Trommeln und stampfenden Tanz, die Beschwörung der Finsternis mit gespreizten Knien, die Bewußtlosigkeit.

»Das habe ich in mir?« dachte Jenny verstört und wagte nicht zu trinken, weil ihre Hände zitterten. Sie nahm Zuflucht zu lang trainierter Disziplin und befahl ihrem Verstand zu analysieren. So kam heraus, was sie schon während des zauberischen Gesprächs ahnte: Diesen Mann konnte sie nicht einfach zu sich nach Hause mitnehmen. Sie würde mit ihm ein herrliches Fest feiern, aber danach gäbe es nicht jenes Vakuum, aus dem man mit einem Scherz in den Alltag zurückkehrte. Sie würde vielmehr neben ihm bleiben wollen, süßträge, zärtlich und gierig auf Geplauder. In solch gefährlicher Intimität aber gab man sich preis, man öffnete die verborgenen Türen und suchte das immer wieder und trieb es immer weiter, bis man, süchtig nach der Liebesdroge Vertrauen, rettungslos entblößt war. So wurde man zum Opfer. Jenny hatte geschworen, sich dem nie mehr auszusetzen.

»Man ist so angreifbar, wenn man liebt«, sagte Drechsler unvermittelt, und einen panischen Augenblick lang dachte Jenny, er könne Gedanken lesen. »Ich habe meiner Frau blindlings vertraut«, fuhr er fort. »Als es immer mehr Anzeichen gab, daß sie mich betrog, habe ich sie direkt gefragt. Sie sagte nein, und ich glaubte ihr. Daß man einem liebenden Menschen ins Gesicht lügen kann, habe ich nicht für möglich gehalten.« Er brachte das ganz nüchtern heraus, und Jenny gelang es, ebenso zu antworten, ja, das sei die übliche Geschichte. Ohne Selbstmitleid, trocken, als berichte er von einer lang zurückliegenden Theateraufführung, erzählte Drechsler weiter von seiner Ehekatastrophe und der Scheidung, beschrieb die Metamorphose der Liebe, wie sie sich in den täglichen Streitstürmen zuerst in Feindschaft und dann in puren Haß verwandelt. Er fand Worte für den Schmerz, der wie eine Faust das Herz zusammendrückt, für die Hilflosigkeit und die Trauer um das verlorene Paradies. Jenny, fasziniert und entsetzt, denn genauso hatte sie ihr eigenes Drama durchlebt, wollte rufen: »Halt. Ich bin eine Fremde. Reden Sie nicht so ungeschützt.« Da begriff sie, daß er die Tür zwischen ihnen, indem er sie scheinbar öffnete, mit voller Absicht zuwarf. Bevor er es sagen konnte, sprach sie es selbst aus: »Man hat nur noch einen Wunsch: nie wieder.« Er nickte.

Mario brachte Espresso. Dann unterschrieb Jenny die Rechnung. Drechsler begleitete sie zum Verlag zurück; sie erzählte von einem fehlgeschlagenen Buchprojekt. Vor dem Eingang verabschiedeten sie sich, gaben einander leichthin die Hand – und fanden sich wieder, wie an diesem Tag schon einmal, außerhalb von Raum und Zeit. Es schien plötzlich unmöglich, die schlichte Geste zu beenden. Die Hände wollten nicht auseinander. Sie umklammerten sich gegenseitig, wehrten sich verzweifelt, aus ihrer Berührung gerissen zu werden. »Nein«, sagten Jenny und Drechsler gleichzeitig. »Ja«, sagten ihre Hände. Schließlich rannten sie buchstäblich voreinander davon, er zum Bahnhof, sie zur Garage.

Und nun war Jenny hier und mußte die Baba Jaga befragen. Sie erhob sich und ging in den Wald hinein, den sie nicht kannte und der ihr doch so vertraut war. Ein trostloses kleines Mädchen stahl sich an ihre Seite und versuchte Schritt zu halten, aber Jenny sah nur nach vorn, da verschwand es wieder. Nach langer Zeit, es war schon kühl unter den Bäumen, kam sie zur Baba Jaga. Sie saß wie immer auf einer Wurzel oder wuchs daraus hervor, das verschwamm im Dämmerlicht. Sie war alt wie die Welt und wissend wie ein Kind.

»Ich habe auf dich gewartet«, sagte sie. »Mir scheint, du hast dich verändert.«

»Rate mir, was ich tun soll«, bat Jenny und erkannte ihre eigene Stimme kaum.

»Du fliehst vor der Liebe«, sagte die Baba Jaga. »Warum?«

»Ich habe Angst«, weinte Jenny. »Die Liebe tut einem weh. Sie hat die schärfsten Waffen. Sie kennt die geheimsten Stellen. Sie ist unbarmherzig.«

»Du wirst es aushalten«, sagte die Baba Jaga. »Die Liebe hat ihren Preis wie alles.«

»Und wenn es keine Liebe ist?«

Die andere schwieg und wartete.
»Er ist so verletzlich«, flüsterte Jenny endlich. »Vielleicht tue ich ihm eines Tages weh. Das hielte ich nicht aus.«
Jetzt lächelte die alte Frau. Es war ein Lächeln voller Erbarmen und nicht ohne Spott, aber es erhellte den ganzen Wald, und nun war auch ihr Gesicht zu erkennen. »Da hast du deinen Beweis«, sagte Jenny zu Jenny. »Viel Glück.«
Sie fuhr durch die Nacht zurück und sang alle Lieder, die sie kannte. Die Rücklichter der Autos strahlten wie elektrische Herzen. Die Räder liebkosten die Straße. »Morgen«, dachte sie glücklich, »gleich morgen rufe ich ihn an.«
Als sie weit nach Mitternacht in ihre Wohnung kam, klingelte das Telefon. »Ich mache wahrscheinlich einen Fehler«, sagte er, »aber das läßt sich nicht mehr ändern. Ich glaube, es ist etwas passiert.«
»Ich weiß«, sagte Jenny und gab sich keine Mühe, den Jubel in ihrer Stimme zu verbergen.

Gerda Szepansky

Auf meine alten Tage

Ich ahne, daß Edelgard an meinem Bett sitzt und das blaue Kleid mit den weißen Blumen anhat. Das trägt sie immer sonntags zur Besuchszeit. Ich halte meine Augen fest zu. Die Landschaft an der Decke dieses Krankenhauszimmers ist in meinem Kopf: der breite, diagonal verlaufende Riß trifft sich mit dem schmalen längs des Fensters, an ihren Ufern blühen Rabatten gelblichbrauner Wasserflecken. Karli ist wieder nicht gekommen. Wir sind uns immer fremder geworden, seitdem sie ihn an ihre weiche starke Hand genommen hat, um ihn nicht mehr loszulassen.
Ich fühle Edelgards vorwurfsvollen Blick auf mir. Gleich wird sie es zum werweißwievielten Male sagen: »Ich verstehe nicht, wie du uns das antun konntest, die Leute meinen ja, du bist närrisch geworden, auf deine alten Tage, und noch dazu mit einem jüngeren Mann, so dein Geld zu verplempern.« Sie versteht es nicht. Weil sie nicht weiß, was Alleinsein bedeutet.
Aber ich weiß es. Ich war allein. Ich lief in der Wohnung umher, stellte die leere Teekanne auf den Tisch, hängte den Mantel in den Schrank und nahm ihn wieder heraus, rückte die Blumentöpfe auf der Fensterbank hin und her, schüttete die gelben prallen Kartoffeln in den Abfalleimer und wusch die schmutzigbraunen Schalen in den Kochtopf ein. Meine Hände bewegten sich automatisch. Meine Gedanken waren nicht dabei. Allmählich verlor ich das Interesse an den Gegenständen. In der Stube entstand ein Durcheinander. Die Küche sah unappetitlich aus. Ich wollte auch nicht essen. Seit Tagen hatte ich meine Stimme nicht mehr gehört. Sie war wie ein fremdes Instrument, vor dem ich erschrak. Morgens hatte ich keine Kraft aufzustehen. Ich blieb im Bett liegen, dachte, ich muß mich ja nicht waschen und kämmen. Meine Wohnung, auf dem Hof gelegen, war eine ehemalige, nach dem Krieg umgebaute Werkstatt. Kein Vertreter oder Hausierer verirrte sich bis an meine Tür. Das Geschrei der auf dem Hof umhertobenden Kinder

schien mir weit weg. Wer bemerkte, daß meine Gardinen grau und die Blumen davor trocken und zerzaust waren?
Es kam eine Karte von Karli. Nach der Hochzeit war er mit Edelgard für vier Wochen verreist. In ein paar Tagen sollte die Zeit um sein. Ich erwachte aus meiner Gleichgültigkeit und räumte die Wohnung ein bißchen auf. Plötzlich hatte ich das Gefühl, aus einem Käfig entfliehen zu müssen. Eine schreckliche Unruhe erfaßte mich. Ziellos wanderte ich durch Supermärkte und Kaufhäuser, immer dorthin, wo viele Menschen waren. Je größer das Gewühl, desto wohler war mir zumute. Eine wahre Gier nach Menschenansammlungen befiel mich. In der U-Bahn beobachtete ich eines Tages eine ältere Frau mit einer Gießkanne. Sie fing ein freundliches Gespräch mit mir an. Als sie an meiner Station ausstieg, ging ich ihr unauffällig nach. Eine grüne Insel zwischen grauen hohen Häusern mit Sonnengeflirr im Laub mächtiger Bäume und Blumenfülle vor strengen Gedenksteinen, das war der Friedhof. Die Frau strebte den dicht an dicht liegenden Urnengräbern zu, um ihre Wasserkanne über zartfarbige Blütenbüschel zu schwenken.
Statt der Menschen betrachtete ich nun Gräber. Aus den steinernen Inschriften erwuchsen mir Geschichten, Lebensgeschichten von Toten. Ich beneidete auf einmal die Frau um ihre Aufgabe, die sie an diesen Ort führte, einen Ort, der mir gefiel. Einige Tage später kaufte ich eine Gießkanne. Sie leuchtete orange. Dann suchte ich mir ein verwildertes Grab im alten Teil des Friedhofs aus. Der Tote – Reinhold König, mit 62 gestorben – lag hier schon acht Jahre. Im Alter paßte er zu mir. Ich wollte für sein Grab sorgen. Die Blumen darauf leuchteten mir bald weithin entgegen. Auf der kleinen Bank in der Nähe ausruhend, schickte ich die Gedanken zu meinem Toten.
Was für ein Mann warst du? Einer wie Scholz, mein erster? Ich duckte mich und machte mich im Sitzen ganz klein, denn Scholz wuchs unheimlich groß vor mir auf, wie damals. Erst hatte ich seine Stärke bewundert, dann erdrückte sie mich. Seine Strenge flößte mir Angst ein. Ich glaubte, alles falsch zu machen. Sein Schreien und Toben trieb mich aus dem Haus. Ich suchte mir zwei, drei Aufwartestellen. Viel zu jung war ich in die Ehe mit Scholz

geraten. Ich merkte, daß er andere Frauen hatte. Ihr Geruch hing an seinen Sachen. Einmal fand ich ihn mit einer in unserem Bett. Mein schwacher Versuch aufzubegehren brachte ihn zum Lachen. Er lachte mich einfach aus. Ich war am Ende. Wozu brauchte er mich noch? Lothar Zempel brauchte mich. Wir waren zwei Ängstliche, zwei Frierende, die sich aneinanderdrückten. Von ihm bekam ich Karli, meinen Sohn. Noch bevor er geboren wurde, hatte sein Vater sich aus der Verantwortung gestohlen. Eines Morgens lag der Abschiedsbrief auf dem Frühstückstisch. Die Sorge für eine Familie schien ihm eine zu schwere Bürde. Monate später erhielt ich einen Kartengruß aus dem fernen Australien. So weit hatte es ihn also hinweggetrieben auf der Suche nach einem festen Halt! Ich dachte ohne Groll an ihn. Schließlich war Karli das einzige Geschenk von Wert, das ich in dieser Welt empfing.

Es gelang mir, Arbeit in meinem gelernten Beruf als Pelznäherin zu finden. Heimarbeit. Tag für Tag saß ich auf dem gleichen Stuhl am Fenster, hatte Kreuzschmerzen und zerstochene Finger. Aber Karli spielte zu meinen Füßen. Er hielt sich die weichen kuscheligen Fellreste an das kleine Gesicht, war ein Hund, ein Bär, ein Schaf. Ich erlebte ein stilles Glück auf Zeit. Es war nicht gut, daß alles, was ich tat, mit meinem Sohn zu schaffen hatte. Zu sehr hängte ich mein Herz an ihn. Als Edelgard in unser Leben einbrach, mußte sich alles für mich ändern. Sie ließ mir nicht die Zeit, die ich dazu brauchte. Schlimmer, sie ging daran, die Beziehung zwischen Karli und mir überhaupt zu zerstören. Widersprach sie mir, wie meistens, fiel gleichzeitig ihr herausfordernder Blick auf ihn: »Ist es nicht so, wie ich es sage?« Da wußte er nicht, zu wem von uns beiden er stehen sollte. Ich hatte ihn zu lieb, um ihn so zerrissen zu sehen. Bestärkte ihn schließlich darin, seiner Frau recht zu geben. Er blieb weg, ging Konflikten aus dem Weg, wie es seine Art war. Vielleicht begann er auch, die Welt mit ihren Augen zu sehen.

Der unbekannte Tote in seinem Grab half mir weiterzuleben, Freundlichkeiten zu finden. Die Frau aus der U-Bahn, meine Friedhofsbekanntschaft, lud mich ein. Mit einer gewissen Erwartung kam ich zu diesem ersten Besuch, den ich seit langem machte, und traf dort Bernhard. Zuerst ärgerte ich mich über den unvermuteten Gast. Dann fühlte ich mich sehr wohl auf dem Sofa der freundlichen Frau, die mich und ihren Bruder aufmerksam bewirtete. Ich aß eine große Portion Kuchen, trank mehrere Tassen Kaffee, die meinem Magen eigentlich nicht zuträglich waren, aber ich wollte nichts auslassen an diesem Tag. Bernhard war sehr lustig. Mein sprödes, ungeübtes Lachen kam mir ganz fremd vor. Als er mich nach Hause begleitete, bedrückte es mich, daß wir stumm nebeneinander hergingen. Ich suchte krampfhaft nach Worten, um etwas zu sagen, blieb in Gedanken an diesem und jenem Satz hängen, hatte Scheu, ihn auszusprechen. Bernhard schien unbekümmert. Vor der Tür gab er mir die Hand. »Lenchen heißen Sie? Ich werde Sie Lena nennen.« – »Gut«, sagte ich und dachte: Ein neuer Name, ein neues Leben.

Tatsächlich ging in meinem Leben eine Veränderung vor. Fieberhaft brachte ich erst die Wohnung, dann meine Kleidung in Ordnung. Nach zwei Tagen kam Bernhard, um mich in ein Lokal abzuholen. Er hatte mir erzählt, daß er dort regelmäßig Freunde traf. Zögernd äußerte ich Bedenken: Ich könne doch nicht... Er ließ es nicht gelten. »Was soll's! Sie sind doch allein. Und wie der alte Spruch schon sagt: Es ist nicht gut, daß der Mensch allein sei.« Er hatte ja nur zu recht. An diesem Abend tranken wir Brüderschaft. Als er mir erzählte, daß er einige Zeit in Berlin bleiben wollte, freute ich mich.

Die Leute in der kleinen Kneipe taten, als ob sie mich lange kannten, ich dagegen war steif und reserviert. Es kam mir vor, als gingen sie in bequemen Schlurren, und ich mühte mich auf Stelzen ab. Aber ich war gern dort, mehrmals in der Woche. Ich lernte Karten spielen. Mit der gleichen Leidenschaft, mit der ich einmal Kreuzworträtsel gelöst hatte, warf ich mich auf die Kunst des Skatspiels, tat neue Wörter auf: Reizen. Achtzehn, zwanzig, zwei. Grand Hand oder mit vieren. Null ouvert. Kontra. Ré. Ich mochte die Karten. Jeder Farbe gab ich eine Eigenschaft bei. Kreuz war streng, Pik war klug, Karo lustig und Herz gefühlvoll. Wenn ich spielte, hatte ich ein heimliches Verhältnis mit den Königen, die Buben lächelten mir zu, und die Damen, alle vier Damen, das war ich selbst, mal die ernsthafte Kreuz-, mal die liebliche Pik- oder die freundliche Karo- und meistens die verliebte Herzdame.

Ja, ich fühlte wieder mein Herz. War es auch unruhig und machte mir manchmal zu schaffen, es zeigte, daß ich lebte. Sogar den Blick in den Spiegel wagte ich nach langer Zeit, in der ich Angst gehabt hatte, mich selbst, alt, grau und unansehnlich, zu betrachten. Ich schaute auf mein Gesicht, und es war keine Tragödie: Das war ich, so sah ich aus, und so und nicht anders wollte ich aussehen. Ich gab ein kleines Fest bei mir zu Hause. Mein Einkauf dafür verlief kunterbunt, denn ich hatte keine Erfahrung im Feiern. Einen Augenblick kam mir der Gedanke, Karli und Edelgard einzuladen. Vielleicht hätten sie es dann nicht mehr so unpassend gefunden, daß ich mit einem jüngeren Mann in eine Kneipe ging und Skat spielte. Oder die Bewohner aus dem Vorderhaus, die mich zu mustern schienen, wenn ich ihnen im Hausflur begegnete. Warum? Sie hatten sich doch sonst nicht um mich gekümmert, um die Frau allein in der Wohnung, die bei einem fremden Grab Trost suchte.

An diesem Abend tranken wir Wein, lachten, tanzten und sangen. Ich bewegte mich wie in einer Verzauberung. Die Freunde versicherten, daß alles wunderbar gelungen sei. Als sie gingen, blieb Bernhard wie selbstverständlich da, blieb einfach bei mir. Ich hatte große Angst vor dem, was unweigerlich auf mich zukam, aber ich hatte auch Sehnsucht danach. Mein Gefühl saß ganz tief in mir innen, wie konnte ich es nach außen bringen? Anfangs war ich vor jeder Berührung zurückgeschreckt. Es hatte eine Weile gedauert, bis ich es annehmen konnte, daß Bernhard seinen Arm um mich legte, mich streichelte, meine Hände nahm. Noch viel länger dauerte es, bis ich Zärtlichkeiten erwidern konnte. Mein Herz schlug bis zum Hals, und mein Magen brannte, als ich ihn das erste Mal umfaßte und küßte.

Aber jetzt, in diesem Moment, war ich ohnmächtig, unfähig, mich zu bewegen, war wie gelähmt. Mit letzter Kraft stellte ich meine Einwände zwischen uns: »Ich bin zu alt... Mein Körper... Wie sieht denn mein Körper aus... nackt...« Bernhards leise eindringliche Stimme an meinem Ohr: »Hör mal! Ich liebe dich, darum bist du nicht zu alt und bist schön genug für mich. Ich liebe dich, weil du gut bist und ganz. Ja, ich kann es nicht anders ausdrücken, du bist ein ganzer Mensch. Bei manchen ist dies oder jenes nicht in Ordnung, funktioniert nur ein Teil, ein anderes nicht, aber du bist

eben ganz.« Seine Worte schlugen alle Bedenken weg. Sein Dasein neben mir im Bett erregte mich. Ich war in mir und außer mir und konnte die Zeit anhalten, denn sie stand still ein paar hämmernde Herzschläge lang. Danach die Süße des Lachens, vermischt mit dem Salz der Tränen. Mit einem Mal brach es aus mir hervor, in Worten, Sätzen, Seufzern, Schluchzen auf- und abwogend, der Fluß meines Lebens. Ich erzählte, und Bernhard hörte still zu. Es tat nichts dazu, daß er mich vielleicht nicht bis ins letzte verstehen konnte. Zwar hatte auch ihn das Leben gebeutelt, doch besaß er einen leichten Fuß, die Schattenseiten zu überspringen und wieder in der Sonne zu stehen. Darum wärmte ich mich ja in seiner Nähe.
Wer von uns beiden hatte die Idee mit der Reise? Wahrscheinlich ich. Bernhard fragte mich nach allem, was ich wollte. Sonst war das nie der Fall gewesen. Ich hatte immer getan, was die Männer, überhaupt die anderen wollten. Egal, seitdem ich Bernhard kannte, hob ich mehr Geld als sonst von meinem Sparbuch ab. Er besorgte Reiseprospekte, in denen ich mit glänzenden Augen herumstöberte. Einmal in meinem Leben war ich bisher aus Berlin herausgekommen, im Krieg, als ich wegen der Bombenangriffe mit Karli evakuiert war. Diesmal sollte das Ziel weit weg sein, viel weiter als damals. Italien schien mir gerade weit genug. Ich tankte alle Sonne, die ich im Leben versäumt hatte, saß Nächte durch am Strand, wenn er einsam war und ich dem Meeresrauschen zuhören konnte. Ich kaufte in bunten Lädchen allerlei Krimskrams, der mir so gut gefiel und den ich nicht brauchen konnte. Bernhard, selbst mit einem Hang zum Leichtsinn begabt, glaubte mich sacht ermahnen zu müssen. Aber ich genoß es, genoß es von ganzem Herzen, unvernünftig zu sein, dagegen kam auch er nicht an. Von der Reise zurück, besuchte ich Karli zum Geburtstag. Bernhard mußte vor dem Haus auf mich warten. In den Augen der Kinder die alten Vorwürfe. »Mußt du dein sauer erspartes Geld für ihn ausgeben?« sagte Karli, als er mir im Flur in den Mantel half. Ach Sohn, ich bin zufrieden, es sitzt jemand neben mir am Tisch, es schläft jemand neben mir im Bett, das allein zählt.
Ich wußte, daß ich nicht gesund war. Manchmal war mir schwindlig. Eines Morgens am Frühstückstisch überfiel mich eine durchdringende Übelkeit. Das letzte, was ich sah, war Bernhards be-

stürztes Gesicht. Mehrmals hat er mich im Krankenhaus besucht, bis ich – wie der Arzt es nannte – außer Gefahr war. »Ich muß nach Westdeutschland zurück, ich habe in meiner Heimat nach Arbeit angefragt und eine Zusage erhalten. Wirst du zurechtkommen?« Dabei sah er mich besorgt an. »Ja, ja«, sagte ich hastig. Es war mir gar nicht lieb, daß er mich so sah. Ich dachte, daß ich jetzt Zeit und Ruhe brauchte. »Ich schreibe dir von dort!« Der Brief liegt unter meinem Kopfkissen.

Ja, meine liebe Schwiegertochter, diese ganze Geschichte habe ich nun so oder so ähnlich meinem Sohn erzählt, neulich, als er allein kam, weil du beim Friseur warst. In der Liebe muß es Verständigung geben, wenn es stimmen soll. Das habe ich begriffen, und deswegen konnte ich zu ihm sprechen. Ich öffne die Augen. Edelgard sitzt neben meinem Bett und blättert in der Illustrierten. Doch ich habe ein anderes Geräusch gehört. Karli steht in der Tür. Sofort kommt ihr üblicher Satz: »Da siehst du's, was sie davon hat! Aber sie mußte ja auf ihre alten Tage noch was mit einem jüngeren Mann anfangen, in die Kneipe gehen, Wein trinken, Karten spielen. Ich hab gestern eine Frau aus ihrem Haus getroffen, die meinte…« – »Laß den Klatsch!« unterbricht sie Karli. Und dann: »Warum soll sie nicht? Mutter kann schließlich leben, wie sie will. Was sie durchgemacht hat, war kein Zuckerschlecken. Auf ihre alten Tage ist ihr schon eine Freude zu gönnen.« Er sagt es ganz ruhig, nur seine Stimme vibriert ein bißchen. Edelgard schweigt. Merkwürdig, ich habe das Gefühl, daß die Zurechtweisung ihr guttut. Die Unterordnung des einen unter den anderen bringt beiden kein richtiges Glück.

Ich fange ein Gespräch mit Edelgard an, frage nach dem Preis ihres schönen blauen Kleides mit den weißen Blumen. Während sie über die gestiegenen Textilpreise stöhnt, sehe ich Karli dankbar an. Ich werde wieder gesund, denke ich. Bernhard hat geschrieben, daß er in zwei Monaten für eine Woche nach Berlin kommen wird. Dann werden wir zu den Kindern gehen, und er wird nicht mehr unten vor der Haustür stehenbleiben. Und ein Fest werden wir feiern mit allen. »Wißt ihr, daß meine Skatfreunde mich vor ein paar Tagen besucht haben? Sie mischen schon immer die Karten, haben sie gesagt, und warten darauf, daß ich wieder mitmache.«

Keto von Waberer

Giuliano

»Giuliano«, rief die Frau über die Schulter ins dunkle Innere des Ladens. »Giuliano dai«, ihre Stimme klang ungeduldig, ihre Hände schoben die Wachskerzen vor ihr auf dem Ladenputtel der Länge nach zu kleinen Haufen. Sie trommelte kurz mit den Nägeln auf den gläsernen Teller, in dem schon mein Geld lag. Ich lächelte höflich, machte nun meinerseits beschwichtigende Gesten. Es war sehr heiß im Laden und roch nach Honig und bitteren Mandeln. Draußen im hellen Sonnenlicht fuhren Autos vorbei und warfen zitternde Blitze herein, die über die Wände sprangen, über die Tüten, Gläser, Blechdosen und Würste in den Regalen.

Giuliano. Es war Frühling damals, und nachts flüsterten meine Schwester und ich in den Betten, die am Kopfende zusammenstießen. Wir erzählten uns Geschichten, die wir uns ausdachten, wir waren zwei adlige Mädchen und lebten in einem Renaissancepalast, wie wir ihn aus Büchern kannten. Es gab einen Park mit Brunnen und Statuen. Dort schritten wir in schöngefärbten Kleidern und mit kunstvoll aufgesteckten Haaren zwischen den Blumenrabatten auf und ab. Wir hatten auch zwei Geliebte, wie ihrer hieß, habe ich vergessen, meiner aber hieß Giuliano.

Die alte Frau murmelte. Irgendwo in der Tiefe des Ladens fiel etwas zu Boden und zerbrach, sie schloß die Augen und sah mich dann an. Wir beide hörten es, jemand polterte eine Treppe herunter mit schweren Schuhen. Ein Mann teilte den Vorhang aus Plastikstreifen und stellte mit einem Seufzer eine große fettige Flasche mit Olivenöl für mich auf den Tisch. Die alte Frau brummte und hob die Brauen. Der Mann wischte mit den Händen an der Flasche herum. Auch er mit gehobenen Brauen.

Graue Haare wuchsen aus dem Kragen seines T-Shirts, und aus den abgeschnittenen Ärmelstummeln hingen die breiten kurzen Arme herab. Seine borstige Nase glänzte, er rieb sie mit dem Handrücken, bis sein Gesicht zuckte, und fuhr dann mit glitzernder

Brille zum Regal herum, um nach einem Korken zu greifen. »Giuliano«, sagte die Frau fragend und tadelnd zugleich. Er hob die Schultern und warf den Korken neben die Flasche.

Mein Giuliano hatte eine lange, schmale Nase, die sich zur Oberlippe senkte. Die Nase, eine Windhundnase, gefiel mir am besten an ihm. Der Mund wölbte sich ihr unmerklich entgegen, eine kleine Falte am Mundwinkel gab mir das Gefühl, er werde gleich lächeln. Giuliano kam aus einem Buch meines Vaters. Ich hatte die Seite mit seinem Porträt sorgsam herausgetrennt, mit dem Taschenmesser, berauscht von der Ungeheuerlichkeit dieser Tat. Er trug ein weinrotes Wams, ein schmaler weißer Kragen lag über dem Fellbesatz um seinen Hals, also hatte er darunter ein Leinenhemd an, das sicher am Rücken geschlossen wurde. Das Mädchen meiner Geschichte knöpfte ihm dieses Hemd auf, wenn er müde vom vielen Kämpfen – und er kämpfte fast jeden Abend um oder für mich – zu mir in den Garten trat, um im Springbrunnen zu baden.

Nie haben die im Springbrunnen gebadet, sagte meine Schwester. Sie war älter als ich und hatte schon einiges gelesen. Giuliano schlüpfte trotzdem aus seinem Hemd, band es um die Taille fest und nahm mich in die Arme. Er betrachtete mich aufmerksam, ehrfürchtig und still, wie man ein schönes Bild betrachtet. »Giuliano.« Ich hielt an diesem Abend eine Lilie in der Hand und war bleich und schwermütig wie eine Mondsüchtige.

»Giuliano ist verrückt«, sagte die Frau und wies auf den Vorhang, der noch hin und her schwang, nachdem der Mann verschwunden war. Sie schlug sich mit der Hand vor die Stirn.

In jenem Sommer schrieb ich ›Giuliano‹ in all meine Schulhefte. Ich küßte sein Papiergesicht viele, viele Male und fuhr mit den Fingerspitzen über seine Brauen und über sein langes Kinn. Seine gesenkten Lider hoben sich, und seine goldenen Augen sahen mich an. Ziegenaugen, geheimnisvoll und unheimlich.

Nachts, wenn ich durch den Park ging und die Liebespaare auf den Bänken sitzen sah, flüsterte ich seinen Namen. Wenn ich mir vorstellte, wie er mich umarmte, kribbelte mein ganzer Körper.

Als meine Schwester sich im Herbst verliebte, wollte sie unser Spiel nicht mehr spielen. »Laß mich in Ruh mit deinem blöden

Giuliano und seiner Schnabelnase und seinem Unterbiß«, sagte sie und wälzte sich zur Wand.

Ich nahm die Ölflasche vorsichtig von der Theke und stellte sie in meine Tasche. »Giuliano«, rief die Frau, aber hoffnungslos, nur um mir zu zeigen, daß sie nicht aufgab. Nichts rührte sich im hinteren Laden.

Eines Nachts war Giuliano an mein Bett getreten, er hatte einen Blumenkranz auf dem Kopf, und Tautropfen lagen auf seinem Gesicht. Es war eine Nacht im Dezember, und als ich wach wurde, aß ich einen Lebkuchen.

Alissa Walser

Bella und Ercan

Es gibt ein Bild von Bella. Dieses Bild ist mir ein Rätsel. Ich fange schon an, mich zu fragen, wie es in meinen Kopf gelangt ist. Eigentlich liegt das Geheimnis nicht in dem Bild, sondern in Bella selbst, die ich erst seit einer Woche kenne. Mit etwas Glück werde ich dieses Geheimnis noch lüften können. In dem Bild, das sich bewegt, rennt Bella die Treppe hinab. Sie achtet nicht auf das Rascheln ihres Kostüms. Ihr dunkelblauer Rock ist hinaufgerutscht und klebt an den Schenkeln. Sie tritt heftig auf, keine Stufe läßt sie aus. Das Haar schwingt, ihre Brüste hüpfen auf und ab, immer eine Sekunde zu spät, um einen Takt zu halten, es sieht aus, als wollten sie die rennende Bella bremsen. Ihr Gesicht ist leicht gerötet, sie wirkt gehetzt. Auf der drittletzten Stufe denke ich, spring doch, aber Bella springt nicht, als müsse sie flink die Stufen zählen. Warum rennt sie so? Es gibt doch eine Sekretärin, die Bella in ihrer Agentur im 6. Stock vor Anrufen und Besuchen schützt.
Punkt elf führt sie mich an den großen Konferenztisch, der blank ist wie ein Steinway.
Bella im Kostüm, lufthansablau, Polyestertuch im Ausschnitt, wie auf der Vernissage, auf der sie mich ansprach. Dort fragte ich sie nach einem Job, und sie gab mir die Antwort, die ich erwartete: Halten wir Kontakt. Aber Bella überraschte mich. Sie rief an und bat mich in die Agentur. Endlich verrät sie warum: Für seinen ersten Prospekt sucht ein junger Designer neue Gesichter für Sonnenbrillen. Nicht mein Traumjob, aber Geld für die Miete. Was ist schon ein Photo. Wenn ich ein Photo von mir in der Hand halte, denke ich ans Sterben. Ich knicke das Papier. So wenig werde ich mich noch spüren. Wie abgeschnittene Haare und Nägel, aber wer bewahrt schon abgeschnittene Zehennägel von seinen verstorbenen Liebsten auf? Die Ketten ihrer DNS. Mit Brille erkennt mich sowieso niemand, denke ich, und vielleicht ist eine Fahrt in den Süden drin.

Wo, sage ich zu Bella, soll das Photo gemacht werden? An einem Ort, der etwas aussagt, erwidert sie. Es geht etwas von ihr aus, das mich froh macht. Die meisten Frauen in Bellas Alter (40?) geben mir das Gefühl eines Mangels. Es ist, als säßen ihre Männer mit Strohhalmen im Nebenzimmer und saugten etwas aus der Luft, ein unsichtbares Mark. Bella vermißt nichts. Das Haar hat sie streng nach hinten gekämmt, und ihr Mund ist heute bestimmt der röteste aller Münder. Waren Sie schon im Osten? sagt sie. Mit Osten meint sie den Teil, der früher mal eingemauert war. In Leipzig, sagt sie, soll es Ruinen geben. Hinter der Mauer bin ich nie gewesen, sage ich. Dafür mal auf einer Insel, wo es auch eine Mauer gibt. Cäsars Geburtstagsgeschenk an Cleopatra, was sie wohl sagte? Und dort war ich hinter der Mauer, im Osten, und zwar, sage ich zu Bella, mit meinem Georg. Wir beide, vierzehn Tage in eine fremde Landschaft verpflanzt. Aber das Entscheidende ist erst bei der Abreise passiert, und wo es geschehen ist, da wäre mein Ort. Bella nimmt sich das Feuerzeug, ihr Daumen liegt auf dem Rädchen. Erzählen Sie, sagt sie, und also erzähle ich ihr folgende Geschichte: Ende unseres Urlaubs. Ich neben Georg auf dem Flughafen. Seit Stunden warten wir auf den Abflug. Keiner weiß, wie lang noch. Seit dem Morgen steht unsere Maschine vor dem Fenster, dahinter der Himmel, hellblau. In Frankfurt heißt es: Nebel, so dick, daß darin Flugzeuge hängenbleiben. Kaum zu glauben. Die Fluggäste sind lahm, Pflanzen, die man vergessen hat zu gießen. Sitzen in grellen Plastikschalen und wissen nichts mehr mit ihren gebräunten Körpern anzufangen. Bewegen ihre Füße, als gehörten sie nicht zu ihnen. Verbitterte Gesichter – ich weiß es nicht –, zusammenfallende vielleicht; mich jedenfalls verbittert das Warten. Ganz anders Georg. Sein Laptop ist seine Zuflucht, und wie eine Schnecke ihr Haus hat er ihn immer dabei. Das spricht für ihn. Aber nicht jetzt. Nur herein, sagt ihm der vertraute Piepton, legen Sie alles ab. Der Bildschirm leuchtet wie eine frische Welt, und Georg schaut durch die Halle, sieht aber nichts. Er ist in diesem inneren Schloß, zu dem keiner Zutritt hat. Nicht wie Bella, die mir gegenübersitzt. Ihre Hände sind vor ihren Bauch gesunken. Sie sieht mich, vielleicht durchschaut sie mich sogar. Aber was hieße das schon? Daß ich sie auch durchschauen müßte?

Wenn wir beide wüßten, was wir voneinander wollen, dann könnte ich ihr sagen: Eigentlich mache ich lieber selbst Bilder. Sie wird es noch merken. Aber ich glaube, ich durchschaue Bella nicht, ihr Mund dehnt sich jetzt, ein Lächeln wäre zuviel gesagt, von einem Delphin sagt man ja auch nicht, daß er lächelt. Georg und ich sind jeden Tag am Strand gewesen. Wir wohnten bei seiner alten Freundin. Seit der Trennung von ihrem Mann lebt sie mit ihren zwei Kindern auf der Insel. Während ich die Geschichte der Insel studierte, erzählte sie Georg aus ihrem Leben. Und Georg hat es mir erzählt. Ein Kind ist wie eine Erleuchtung, soll sie gesagt haben, entweder man hat sie oder nicht. Georg hat sie nicht (Bella wahrscheinlich auch nicht). Aber er hat, als er mir von dieser Frau erzählte, in mir einen Wunsch geweckt. Zum ersten Mal wünschte ich mir ein Kind. Aber nicht von Georg. Er dürfte auf keinen Fall der Vater sein. Was hätte er außer seinen blauen Augen zu vererben? Augen sind nie blau, unterbricht mich Bella, dieses reine Blau ist eine Illusion, vermittelt durch irgendein durchsichtiges Häutchen. Na ja, sage ich, eben diesen Blick, für den er berühmt ist; Georg ist Reporter. Für fremde Menschen hält er die Augen stets offen, unsere gemeinsamen Stunden sind die einzigen, in denen er sie schließt. Das ist unser Friede. Ohne ihn könnten wir nicht miteinander leben. Abends, sage ich, essen wir zusammen, und wenn er mir Wein nachschenkt, sehe ich das Fleisch an seinem Arm. O du weiches Fleisch, denke ich dann und überlege, warum es mir gefällt, und warum es an dieser Stelle zuerst zittert oder überhaupt immer lockerer wird? Der Grund dafür, rede ich mir ein, ist Georgs Härte. Mit seiner Härte beherrscht Georg alles, sich selbst am besten. Mein Kind soll nicht hart sein. Mein Kind soll immer sagen dürfen, was ihm fehlt, sofern es das weiß. Nicht sich verschließen wie Georg, der sich weigert, daran zu denken, daß er einmal im Jahr die Tränen nicht zurückhalten kann: vor dem Weihnachtsbaum. Er vergißt es einfach, wenn das Wetter warm ist.

Sie waren auf dem Flughafen, und es stand etwas bevor, sagt Bella. Ja, sage ich, etwas ganz Unglaubliches, aber im Moment sitze ich noch da und werde langsam schlapp; ich strecke die Beine und stelle mir vor, es seien Fühler. Vor mir zwei Fliegen, sie krabbeln

auf dem spiegelnden Boden aufeinander zu. Die eine dreht einen Bogen, die andere verfolgt sie, hebt ab, um gleich wieder auf dem Rücken ihrer Genossin zu landen. Ein leises, aber gewaltiges Aufbrummen, dann fliegen beide weg. Es folgt eine Durchsage. Keiner von uns versteht sie. Ich hebe den Kopf und lese MICRO- in Großbuchstaben auf einem Karton. Den Rest sehe ich nicht, ein junger Mann in weißer Jacke sitzt davor. Er muß meinen Blick gespürt haben, denn jetzt lehnt er sich zurück, gibt die Sicht auf das Wort frei: WORLD, und vom W sehe ich auf sein Profil. Überall betrachte ich Gesichter, bis mir schwindlig wird. Ich verändere einzelne Partien, hebe die Wangenknochen, denke mir Schmuckpunkte hin, Pickel und Warzen weg. Alles, was ich in den Gesichtern ersetze, hätte ich mir aus seinem Gesicht holen können. Wahrscheinlich wartet er auf dieselbe Maschine. Plötzlich Zeitnot. Georg schreibt, bärtig und mager, hebt wieder den Kopf, darauf der blinde Blick durch die Halle. Soll er schreiben. Keine Sekunde wird er sich entfernen. Er wird sein Leben zusammenhalten und meines dabei zerreißen. Und ich? Bin ich nicht wie Georg, wenn ich tatenlos hinübersehe? Der junge Mann, ich nenne ihn Ercan, so heißt der Ort, schaut zu mir her, den Arm auf den Karton gestützt. Schnell weg von Georg. Sonst nehme ich noch seinen Geruch an. Mit der Geste, mit der man einen Schnaps kippt, flüstere ich MOKKA. Allein? sagt Georg. Ich nicke, gehe. Drüben an der Bar nehme ich mir eines der Brötchen, die inzwischen von der Fluggesellschaft angeboten werden. Ein Brötchen, blaß wie roher Teig, es schmeckt ungebacken.
Ercan, sage ich zu Bella, steht auf und kommt an die Bar. Seine Haut hat überall dieselbe Farbe, sieht aus, als werde sie von innen angeleuchtet.
Excuse me, sir, sage ich, denn er spricht kein Deutsch. Haben wir beide dasselbe Pech? Er sagt nichts, schaut hinaus. Im Sonnenlicht streckt ein uniformierter Sicherheitsmann die Arme, der Lauf seiner MP ragt in die Luft wie ein drittes, verkrüppeltes Ärmchen. Noch immer nichts von Ercan. Plötzlich kommen mir meine Worte wie Zahlen vor. Irgendwann treffe ich die Kombination, mit der ich ihn öffne. Dann wird er schon sprechen. Ich hätte gerne gesagt, du bist der schönste Mensch, der mir je begegnet ist, frage

aber statt dessen, ob er wichtige Geschäfte verpasse. Er vertraue auf Allah, sagt er, und auf diese Sicherheit war ich nicht vorbereitet. Ich trinke meinen Mokka. Und weil auch Gesten einen Menschen öffnen können, stelle ich das Täßchen auf den Kopf. Er versteht sofort. Er hebt das Täßchen. Das mit dem Kaffeesatz, sagt er, habe er von seiner Großmutter gelernt. Eine schöne Frau, sagt er. Das zweite glaube ich ihm.
Er sehe zwei Personen, sagt er, eine dicke und eine dünnere, die mich beobachten. Die Eltern vielleicht? Die dünne ist Georg, da bin ich sicher. Die dicke vielleicht ich – in Selbstbetrachtung versunken. Dann geht es schnell. Ercan beugt sich zu mir, will wissen, ob ich schon verheiratet bin. Er hält mich für jung, das ist gut. Zwischen zwei Knöpfen wölbt sich sein Hemd nach vorn. Durch den Spalt sehe ich seine Brust. Energisch schüttle ich den Kopf.
Und der Mann?
Bruder Georg, sage ich. Er entschuldigt sich für die Frage. Verdammte Höflichkeit. Ich verfluche seine Eltern, seine Großeltern, seine Brüder, seine Kultur. Er erzählt mir von ihnen und von den Tieren, die er liebt, von Schafen, Katzen, einem Esel. In seinen Augen suche ich Glanz, diesen Glanz, den man gewöhnlich erwähnt, wenn man von Kindern spricht. Über die Brücke der Tiere gelange ich zu ihm. Dann meine Frage: Züchten Sie auch?
Die Schafe vermehren sich einfach. Die Katzen ebenso. Der Esel nicht. Der gehört der Großmutter, sagt er, als sei das die Entschuldigung dafür.
Bella ist vermutlich auch froh, daß Georg mittlerweile nicht einmal mehr den Kopf hebt. Kaum war von den Tieren die Rede, legte sie das Feuerzeug beiseite. Und ich rede sowieso am liebsten von Tieren.

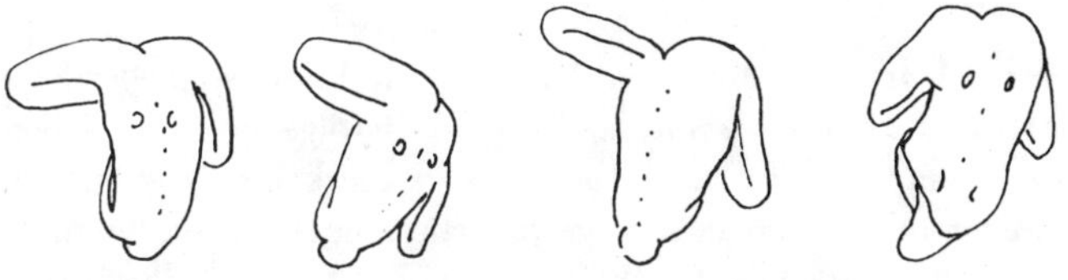

Also, sage ich, hundert Schafe vor dem Haus. Ercan schüttelte den Kopf. Sechsundfünfzig, darunter zwei Böcke. Kurz bevor der Frühling kommt, sagte er, ist es soweit. Die vielen Leiber, ein Meer, das sich bewegt. Woher wußte Ercan so genau, was ich hören wollte. Stellen Sie sich vor, Bella, sage ich, das Land ist grün zu dieser Zeit, tagsüber ist es warm genug für bloße Haut. Eine Gestalt taucht aus den Rücken auf, ein doppeltes Schaf. Manchmal knicken dem Weibchen dabei die Vorderbeine ein, und es fällt auf die Knie. Dann rede ich von den Jungen, von Lämmerzungen, vom nassen Fell bei der Geburt. Von den Mutterschafen, die das Lecken nicht lassen können. Von den Lämmern, die beim Trinken ihre Mäuler ruckartig in die Euter stoßen, und dazwischen wieder von Ercan, der, wenn er lächelte, einen schmalen schwarzen Spalt entblößte, zwischen zwei hellen Schneidezähnen. (Ich sage sogar wörtlich zu Bella: Glauben Sie mir, sein Zahnfleisch ist rosa, seine Brustwarzen dunkel, denn ich glaube, Bella hat, wie alle Frauen, einen Sinn für Farben.)
Dann, sage ich, schaute Ercan auf meine Zeichnung. Bella zuliebe zeichne ich sie nach, wieder, wie damals am Flughafen, auf eine Serviette.

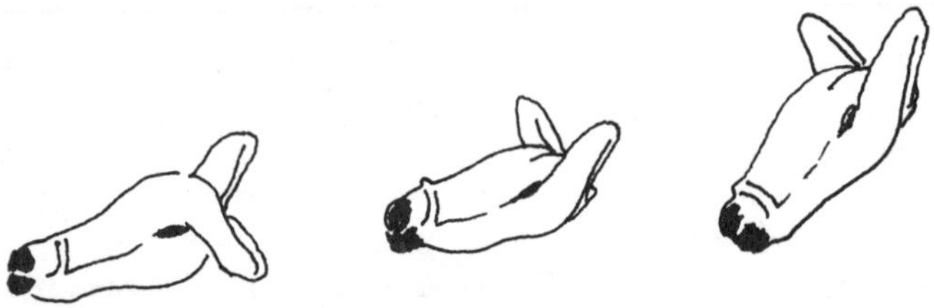

Jetzt lächelt Bella zum ersten Mal wirklich. Bilder sind eben Safeknacker. Kommen Sie mit, sagt sie, und ich folge ihr in ein Nebenzimmer mit Ledersofa. Ein bequemeres Fleckchen, sagt sie. Das habe ich mir mit Ercan auch gewünscht, sage ich. Aber wo findet man so was auf einem Flughafen. Also blieb ich an der Bar sitzen, und Ercan erzählte mir von den Katzen.

Nachts, sagte Ercan, schreien die Katzen. Es habe mit der Beschaffenheit ihrer Körper zu tun. Die nähere Erklärung brachte ihn an die Grenzen seines Englisch. Und Deutsch, sagte er, verstehe er nicht. Obwohl er es schon oft gehört habe, er liebe den Klang der deutschen Sprache. Er will selbst nach Deutschland, eines Tages. Er sagte, ich solle ein paar deutsche Sätze für ihn sagen. Ich sagte das Übliche. Wie geht's, bitte, danke, ich liebe dich. Ich übersetzte alles. Er wollte etwas Klangvolleres hören. Ein Gedicht am liebsten. In manchen Momenten kann ich keine Gedichte aufsagen. Ich muß über meine Ausweglosigkeit reden. Ich stehe jetzt auf, sagte ich, gehe in den Waschraum, der hier weiß gekachelt und warm ist. Darin eine Standwaage und ein Spiegel, sonst nichts. Ich will, daß du mir folgst. Ich werde mich auf die Waage stellen und meinen Rock hinaufschieben. Stell dich bitte hinter mich, ganz dicht, und öffne deine Hose. Laß deine weiße Jacke darüberfallen, damit es keiner sieht. Drücke mich, als ob du zum Spaß mein Gewicht vergrößern wolltest. Mache dich lustig über meine Pfunde. Bewege dich langsam und halte mich, wenn ich falle. Sprich mir leise das Wort Schoß nach. Oder lenke mich ab – an deinen Samen darf ich jetzt nicht denken. Ein Tropfen wäre genug. Ich will ohne dich nicht mehr leben.

Wie klingt das für ihn? Einmal, sage ich zu Bella, hat eine amerikanische Freundin mein Deutsch imitiert. Sie hat mit einem harten r begonnen und abgehackte Silben aneinandergereiht. Ihr Gesicht war fast schmerzhaft verzogen. Zum Schluß hat sie tief aus der Kehle gefaucht, bis ihr die Luft ausging, und ich habe mich geschämt. Das gehört nicht zur Geschichte, sagt Bella, damit hat sie recht.

Plötzlich also der Gedanke, daß Ercan mich doch versteht. Er schaut mich nur an. Und dann: kommt von hinten Georg durch die Halle gelaufen, den Laptop unterm Arm, hinterm Ohr den Stift, die Brille fast auf der Nasenspitze. Ercan richtet sich nach vorn, als sei er ertappt worden.

Wollte er was, fragt Georg. Nein, sage ich, er wartet. Viel zu lange starrt Georg auf den Kaffeesatz vor mir. Was unsere Sicherheit betrifft, sagt er, schlimme Zustände. Darüber schreibe ich. Die po-

sitive Seite dieser Katastrophe. Ob es die gibt, denke ich und nehme die Kamera ans Auge.
Georg, setz dich, sage ich. Ich will ein Bild. Das Klicken des Apparats wird von einer neuen Durchsage übertönt. Ercan wendet sich an Georg.
Ihre Maschine steht bereit, sagt er.
Georg nickt ihm zu und schiebt mich, seine Hand in meinem Rükken, vorwärts. Mit der anderen weist er den Weg. Die Deutlichkeit der Geste läßt mich innerhalb einer Sekunde verzweifeln. Ich tue den ersten Schritt und schenke meinem Geliebten einen letzten Blick, den er erwidert. Am Ausgang eine Menschentraube. Das Wertvollste der Welt hängt an meinem Hals: die Kamera. Ich habe sie nicht mehr aus der Hand gegeben. Denn ich wußte, auf diesem künftigen Bild, aufgerollt im Gehäuse, würde im Dunkel, hinter Georgs erschöpftem Gesicht, die Wange des einzigen Menschen leuchten, mit dem ich mich vermischen möchte.
Dieses Photo würde ich gerne sehen, sagt Bella und lehnt sich zurück. Schicken Sie es mir nach Hause, sagt sie noch und gibt mir ihre Karte, und dabei fällt mir auf, daß sie gar nicht Bella heißt, sondern Britta, ein Name, der nicht zu ihr paßt, und aus Rücksicht auf sie und mich beschließe ich, sie weiter Bella zu nennen.

Rumjana Zacharieva

Du hast mich endlich aufgeschlagen

Du hast mich endlich aufgeschlagen
vor dir.
Ich liege da – ein Buch
mit Seiten offen,
breit auseinander,
angelesen.
Mag sein, daß du mich schnell verschlingst.
Mal eben überflogen
werd ich landen im Regal
wie all die anderen vor mir.
Mag sein, du nimmst dir Zeit,
mag sein, du liest mich langsam,
deine Bettlektüre,
mag sein,
ein Leben lang…

Ich werde dir so viel erzählen,
ich werde dir so viel verschweigen,
wie du aus mir heraus
lesen
kannst.

Rechtfertigung

Ich brauche doch den Haß,
den sanften,
den alltäglichen
– die zuverlässigste Legierung der Liebe.
Sonst würde ich schon jetzt
in friedlicher Koexistenz
und weiß geworden vor Verachtung
sterben.

Vom Ende der Welt

Vom Ende der Welt,
vom Grund der Zeit,
vom Abgrund der Flucht
kehre ich heim
ins verlassene Haus
– mein Körper.

Entwarnt schreite ich.
Bleibe stehen.
Staune.
Nach all dem Grauen,
nach all den Katastrophen,
trotz Kriegsalarm
und Sirenengeheul
sind alle Fenster noch heil.
Im Wohnzimmer,
links unter der Rippe – Licht.
Auf dem Schreibtisch – Chaos
und eine dampfende Tasse Tee.

In meinem Körper wartet jemand.

Sag,
wie war es so lange in mir
ohne mich?

Die geliehenen Strapse
oder Der Sinn der Freiheit

Laß uns von der Freiheit reden. Der Freiheit in ihrer einfachsten und doch, wie mir scheint, schwierigsten Form – dem Alleinsein. Die selbstgewählte Einsamkeit, das ist es, was ich meine. Du nimmst eines Tages deine Kinder, deine Möbel, das Klavier, die Liebesbriefe aus der Zeit vor der Heirat, du nimmst den kastrierten Kater und das Aquarium mit den Fischen und... fliegst. Natürlich ist das eine gewisse Last auf deinem Buckel, aber sie erlaubt dir gerade noch den Gedankenflug. Und sie sorgt dafür, daß du mit beiden Beinen auf der Erde bleibst. Du brauchst einfach so ein Zeug wie Möbel, Haustiere und ein paar Kinder dazu. Wegen des Gleichgewichts. Sonst verläßt du die Grenzen der Schwerkraft, ehe du dich's versiehst – so glücklich bist du.

Du kannst es kaum glauben, daß es niemanden mehr gibt, der dir dauernd Vorwürfe macht wegen des Kamms, den du immer wieder neben der Käseplatte oder dem Teller mit der Wurst vergißt. Es ist niemand da, der dir wegen der drei Petersiliensträußchen – zwei waren ja nur geplant – Theater macht und dir Verschwendungssucht vorwirft. Es ist niemand da, der von dir verlangt, mit Strapsen zu schlafen und den Intimspray mit dem besonders überreifen Pfirsichgeschmack zu benutzen, während du selbst Pfirsiche weder als Kompott noch als Gelee noch als sonstwas ausstehen kannst...
Plötzlich kannst du aufhören, die Kinder während des Essens zu erziehen, ihnen gute Manieren und schlechten Appetit beizubringen. Plötzlich darfst du den kastrierten Kater mit den Südseefischen füttern. Du darfst endlich die aufregenden Strapse ausziehen. Du darfst ohne ihre schmerzhaften roten Abdrücke am Hintern und an den Hüften erwachen. Schließlich kannst du sogar die Pfirsiche aus deinem Speisezettel streichen, in allen ihren Verwandlungsformen von der Frucht bis zum Intimspray!

Du blickst durch das Fenster und sagst: Ich bin frei! Da ist der Berg. Da ist die Zeder vorm Fenster. Da ist der Schnee, der dein Gedächtnis zuschüttet. Du vergißt die Zeit, als du gut erzogen, ängstlich, sparsam, brav und tüchtig sein mußtest. Mein Gott, ich werde nie wieder Strapse tragen! Ich werde nie wieder Pfirsiche essen, und ich werde mir so viele Petersiliensträußchen kaufen dürfen, wie ich nur will! Ich könnte mir die ganze Wohnung mit Petersilie und Knoblauch dekorieren, wenn ich nur wollte, denn Knoblauch war auch verboten. Ich werde nur noch bequeme Wanderschuhe mit Wollstrumpfhosen tragen und nie wieder Seidenstrümpfe! Und wenn die Kinder genug vom kastrierten Kater haben, kaufe ich ihnen einen potenten Kater. Wir werden so viele Baby-Kätzchen kriegen, wie wir nur wollen, und ich werde nie, nie, nie wieder im Leben auf einen Mann warten! Schluß mit dem Warten! Ich fliege. Das ist der Sinn des Lebens. Das ist der Sinn der Freiheit.

Du sammelst die ganzen Strapse, rot, schwarz und pfirsichfarben, all die seidenen Strümpfe und Intimsprays und den Rest der vorhandenen Pfirsiche, sei es als Mus oder als Gelee. Deine Nachbarin ist eine einsame Frau wie du mit ein paar Kindern und einigen Männern dazu. Sie hat im Leben weder Strapse getragen noch Pfirsiche gegessen. Du klingelst an ihrer Tür und sagst:
»Nimm, bitte schön, ich hab genug davon! Nimm's, das ganze Zeug! Benutz es, wirf es weg. Es ist mir ganz egal, was du damit machst! Ich bin frei!«

Zwei Tage später klingelt deine Nachbarin an deiner Tür. Ihre Augen glänzen. Ihre Lippen sind rot. Sie trägt deine Seidenstrümpfe und ein Paar neue hochhackige Schuhe. Sie lächelt dich an wie ein überreifer Pfirsich und schreit:
»Mein Gott! Ich bin dir so dankbar! Der Straps...«, kichert sie, zieht den Rock hoch und zeigt dir deine eigenen Strapse, »der Straps hat ihn zum Wahnsinn getrieben!«
»Wen denn, bitte schön?«
»Na wen schon?! Den einen da, den mit dem hohen Posten im Außenministerium! Und in der Nacht – hat er beinahe das ganze Pfirsichgelee verbraucht...«

»Wie meinst du das? Ich hab immer nur den Intimspray benutzt.«
»... Und ich denke, daß er mich heiraten wird!«
Ich empfinde einen tiefen Respekt vor ihrem Triumph. »Ich dachte, du wolltest frei sein«, sage ich leise.
»Scheißfreiheit!« schreit sie. »Endlich hab ich ihn! Wenn ich das vor ein paar Jahren gewußt hätte. Aber was soll's... Ich bin dir auf jeden Fall dankbar!«
Sie küßt mich stürmisch und läßt mich zurück, mit meiner Wollstrumpfhose an den Beinen und der Knoblauchpresse in der Hand.

Ich weiß schon. Ich weiß es ganz genau. Gestern habe ich im Supermarkt jemanden kennengelernt, der mir den Einkaufskram die Treppe hochgetragen hat. Ja, ja. Ich weiß. In ein paar Tagen sehe ich mich an der Tür meiner Nachbarin klingeln und fragen:
»Kannst du mir mal, bitte, für eine Nacht den Straps wiedergeben?«
»Aber sicher«, wird sie sagen, »ich hab auch ein neues Glas Pfirsichgelee da, wenn du willst...«
»Nein danke«, werde ich sagen, »gestern habe ich den ganzen Nachmittag Pflaumenmus gekocht...«

Dorit Zinn

Nur seinetwegen

»Ich bin nur deinetwegen hier!« Er kommt aus dem Bad, ein weißes Frotteehandtuch um die Hüften geschlungen, bleibt in der Mitte des Zimmers stehen. »Nur deinetwegen!« trompetet er. Dann löscht er das Licht, sperrt die Fenster weit auf, läßt sich schwer neben sie aufs Bett fallen.

Mascha zieht die Decke fest bis unter das Kinn. »Nur meinetwegen?« kichert sie.

Kühle Nachtluft bewegt die Vorhänge, weit unten summt die Stadt, ab und zu wehen Lautsprecherfetzen die Ankunfts- und Abfahrtszeiten der Züge herüber. Er dreht sich auf die Seite, stützt den runden Schädel auf den angewinkelten Arm, das Frotteehandtuch rutscht herab. Mascha starrt auf seinen fetten Leib, auf seine Halbglatze, überlegt, wo das Licht herkommt, das sich dort oben spiegelt.

»Nur meinetwegen...« Sie lächelt und hält die Decke fest. Unter großen Mühen hatte sie ihren Dienst getauscht, war im Nachtzug von Moskau nach Kiew gefahren, um ihn wiederzusehen. Da war das gleichmäßige Rattern des Zuges gewesen, die träge Lust auf der Pritsche, die ganze Unruhe ihres Körpers, Freude und Angst.

Hart greift er ihre Haare im Nacken, hart preßt er sie an sich. So doch nicht, denkt sie, in meinen Träumen war es anders. »Sei zärtlich«, sagt sie und reibt sein Ohrläppchen zwischen ihren Fingern. Schon am Morgen auf dem Bahnsteig war seine Umarmung fremd gewesen und fremd auch sein Geruch. Und er hatte gleich mit ihr schlafen wollen, hatte direkt neben dem Bahnhof ein Hotel genommen. »Heute abend«, wehrte sie ihn ab, »heute nacht, mein Täubchen. Ich muß dich erst wieder riechen und schmecken lernen.« Geschäftig wühlte sie in ihrer Reisetasche. »Zeig mir Kiew, das macht mich froh.«

Sie waren zum Dnjepr gelaufen, hatten Billette für ein Dampfschiff gelöst, um zwei lange Stunden über den Fluß zu fahren. Und

der Fluß war so breit gewesen, die Ufer so sanft, da hatte sie ihn wieder gemocht. Fast so wie früher während des Studiums. Das war lange her.
»Reib weiter«, schnauft er, seine Zunge fährt über ihr Gesicht. Sie bewegt wieder das Ohrläppchen zwischen ihren Fingern. Das Mittagessen, überlegt sie, das war nicht schlecht. Kaviar, frisches Gemüse, Filetspitzen mit Pilzen, Südfrüchte, wann hatte sie das letzte Mal so gut gegessen? Sie seufzt zufrieden. So ein Essen, das schafft er mit seinen guten Beziehungen zu den Kooperativen. Er hat in dieser schlechten Zeit überhaupt alles, während sie ihre Zukkermarken, für Weihnachten zugeteilt, schon jetzt, im Oktober, für Zigaretten verschwendet.
»Komm, sei lieb, Maschalein.« Sein Körper wälzt sich heran. Er wird mich erdrücken! Schnell fährt sie auf, sucht nach den Zigaretten, schiebt sich erleichtert eine zwischen die Lippen. Er ist vor ihr auf die Knie gerutscht. »Es war doch abgemacht!« Mit beleidigtem Jungengesicht schaut er sie an.
Ich muß verrückt sein, gierig saugt sie an der Zigarette, total verrückt. »Täubchen«, sagt sie endlich, will ihrer Stimme Weichheit geben, »mein alter Täuberich.« Sie streckt das Bein, kratzt mit den Zehen seine haarige Brust. »Heute nachmittag, in den Kathedralen, bei den Mönchen, das war schön.« Ihre Zehen umkreisen seinen Nabel. »Ich habe unter dem Kronleuchter die Strahlung genau gespürt.« Sie drückt den Handteller flach auf ihren Scheitel. »Ich spüre es immer noch, warme Ströme sind es, eine unglaublich starke Energie.«
»Aberglauben, nichts als Aberglauben«, knurrt er, greift ihre Zigarette, wirft sie auf den Teppich. »Komm jetzt, ich habe dir genug davon mitgebracht, zwei Stangen, Wurst und Hähnchen auch.«
»Danke«, sagt sie und schiebt ihren Fuß unter seine Achsel. »Die Mumien der Mönche, unten in den Höhlen, die haben mir gefallen.« Sie lacht. »Ich hatte solche Angst, daß meine Kerze erlischt.«
Er beugt sich vor und versucht, ihre Brüste zu streicheln. »Angst? Weshalb hattest du Angst?«
Sie wehrt seine Hände ab. »Daß meine Wünsche nicht in Erfüllung gehen.«

Ganz nah ist er wieder. »Was wünscht sich denn meine kleine Mascha?«
»Von dir? Ein Auto!« ruft sie und lacht grell.
Und sie verrät ihm nichts. Nichts von den drei Kastanien. Sie hatte die glatten braunen Früchte in den Händen gehalten, sie beschwörend gerieben, und als sie auf dem Rückweg aus der Kathedrale durch das Portal liefen, durch das Portal, in dem man nicht stolpern durfte, da hatte sie die Kastanien trotzig auf das Pflaster geschleudert. Die erste hüpfte nach rechts mit dem Wunsch, daß es ihrer Familie gutgehen sollte. Die zweite sauste durch die Mitte des Portals, beladen mit Glück im Beruf. Die dritte schoß in Zickzacksprüngen nach links, leidenschaftlich und liebestoll. Für Mischa!
Sie zieht ihren Fuß aus seiner Achselhöhle. Mischa! Ob er jetzt in Moskau vor ihrer Wohnung steht? Sie läuft zum offenen Fenster.
»Du bist noch schöner geworden, Mascha.« Wehmütig tropfen seine Komplimente in den dunklen Raum. Im blauschwarzen Fensterglas spiegelt sich ihr weißer Körper. Geräusche von spritzendem Wasser dringen herauf. Sie schaut hinab auf den Platz vor dem Hotel. Zwei Wagen der Stadtreinigung sprengen die Straßen, fahren hinüber zum Bahnhof, Schaumflocken stieben durch die Luft. Sie beugt sich hinaus. »Komm mal, da unten schäumt's wie in einem Wäschetrog.«
Ihm gelingt ein jugendlicher Schwung aus dem Bett. Sein hastiger Atem in ihrem Nacken, das war schon einmal so. Aus dem Schaum wird Schneegestöber. Damals im Winter, auf dem Schlitten, da hatten sie sich geliebt.
Er beißt ihr in den Nacken. »Jeden Tag seifen sie hier die Straßen ab. Du weißt doch, Tschernobyl.« Er versucht, ihren Zopf zu öffnen, zieht sie zurück aufs Bett.
»Ein Glück, daß Moskau so weit weg ist«, sagt sie.
»Ein Glück, daß du so nah bist«, sagt er und gräbt sein Gesicht in ihr Haar. Dann wirft er sich auf den Rücken. »Steig auf, Mascha, komm!«
»Ich kann nicht«, murmelt sie, »nicht so schnell.«
»Denk an früher«, lockt er.

Verloren besteigt sie seine Mitte. Sie spürt sein weiches, wabbeliges Fleisch und will nicht an früher denken. Sie denkt an Mischa. Ihre Schenkel reiben Lenden, ihre Fingerspitzen zwirbeln Brustwarzen. Langsam steigt Lust in ihr auf. Sie schließt die Augen – da sind die Bilder schon da. Mischa mit der Kamera in der Nähe des Roten Platzes, wie er die Obdachlosen fotografiert. Sie auf dem Weg zum Kaufhaus Gum, auf der Suche nach Lebensmitteln, vielleicht ein paar neuen Schuhen, da kommt ihr dieser freche Blick in die Quere. Sie muß stehenbleiben, will sich nicht wehren. Später dann in der Metro, seine Hand in ihrer Bluse, und sie genießt die kühne Schamlosigkeit, will, daß es kein Ende nimmt.

»Mascha, ich liebe dich immer noch«, ächzt es unter ihr.

»Sei still«, faucht sie, »ich muß mich konzentrieren.« Da ist der Abend, als sie mit Mischa aufs Land hinausfährt, wie sie durchs Dorf laufen, alle paar Meter stehenbleiben, in Küssen ertrinken, wie Mischa sie auszieht, einfach so, auf der Straße, Stück für Stück, und sie schämt sich wieder nicht, ist wie toll vor Lust.

»Ich werde mich von meiner Frau trennen«, stöhnt er.

»Ja, ja«, lacht Mascha. Und da ist sie mit Mischa vor dem Scheunentor, wie er sie streichelt und leckt, und plötzlich das greise Bauernpaar vor dem Gehöft, starr vor Staunen. Mischa wirft seinen Mantel über Mascha, zwei ertappte Kinder, die davonstürmen, hinter einer Mauer wieder übereinander herfallen und selbst dann noch weiterküssen, als Mischa pinkelt.

»Ich muß nach Moskau!« Mascha löst sich abrupt. Sie läuft ins Bad, dreht die Dusche auf, so weit es geht, durch das Prasseln des Wassers dringt die wütende Stimme des Jugendfreundes. »Früher warst du nicht frigide!«

Sie bleibt unter der Dusche, lange, bis ihre Haut glüht, und noch länger, bis ihre Fingerkuppen rubbelig wie in Kindertagen sind.

Als sie aus dem Bad kommt, schläft er fest. Sie geht ans Fenster, es hat zu regnen begonnen. Dicke Tropfen spritzen auf das Pflaster. Aus dem Bahnhofsgebäude gegenüber dringt trübes Licht, weit hinten verschwinden die Gleise, schwarz glänzende, nasse Schlangen. Der Regen wird stärker, pladdert durch die alten Bäume vor dem Hotel. »Wenn jetzt eine Kastanie herunterfällt«, flüstert Mascha, »dann wünsch ich mir wieder etwas.« Es lösen sich gleich

mehrere Früchte vom Baum, auf dem Asphalt platzen die stachligen Schalen, frischlackierte Kugeln tanzen in den schäumenden Rinnstein.
Als Mascha aufwacht, ist er fort. Er ist gegangen, ohne eine Zeile zu hinterlassen. Die Zigarettenstangen liegen auf der Konsole. Während sie sich die Haare bürstet, entdeckt sie unter dem Waschbecken im Abfalleimer Würste und Hähnchenschenkel übereinandergetürmt. Sie beugt sich tief über den Eimer: nackte, gelbweiße, auch rosa-bläulich schimmernde Schenkel...
Endlich kann sie sich übergeben. Erleichtert bindet sie ihren Zopf, streift das wollene Kleid über. Sie hat nicht mehr viel Zeit, in dreißig Minuten fährt der Zug nach Moskau. Sie greift die Zigaretten. Mischa raucht viel. Heute abend wird sie bei ihm sein. Schon in der Tür, kehrt sie nochmals ins Zimmer zurück, fischt aus der Handtasche ihren Lippenstift. Hastige Krakel quer über den blinden Spiegel der Konsole: Nur seinetwegen!

Die Autorinnen

KATJA BEHRENS, 1942 in Berlin geboren, arbeitete als Übersetzerin und Lektorin. Heute lebt sie als freie Schriftstellerin auf dem Land bei Darmstadt. Ihr erster Prosaband »Die weiße Frau«, den sie 1978 veröffentlichte, sicherte ihr sofort große Aufmerksamkeit bei den Lesern und Kritikern.
Im Fischer Taschenbuch Verlag liegen »Die weiße Frau« (1978), ihr Roman »Die dreizehnte Fee« (1983) und ihr Erzählzyklus »Im Wasser tanzen« (1990) vor. Im S. Fischer Verlag erschien ihr Buch »Salomo und die anderen. Jüdische Geschichten« (1993).

GIOCONDA BELLI wurde 1948 in Managua geboren. Sie studierte in Spanien und den USA. Ab 1970 beteiligte sie sich am Widerstand der Sandinistischen Befreiungsfront FSLN gegen die Somoza-Diktatur ihres Landes. 1975 verließ sie Nicaragua und ging ins Exil, zunächst nach Mexiko, dann nach Costa Rica. 1978 kehrte sie mit ihren drei Kindern nach Nicaragua zurück und arbeitete vor allem im Bereich der politischen Bildung. Heute lebt sie mit ihrem Mann und ihren Kindern in Los Angeles und Nicaragua. Gioconda Belli ist eine der meistgelesenen Autorinnen Lateinamerikas. Sie publizierte zahlreiche Gedichtbände und erhielt viele Literaturpreise.
Ihre wichtigsten Werke in deutscher Sprache: »Wenn du mich lieben willst. Gesammelte Gedichte« (1985), »Bewohnte Frau. Roman« (1987), »Tochter des Vulkans. Roman« (1990) und »Zauber gegen die Kälte. Erotische Gedichte« (1992).

DITTE BUCHMANN, 1951 in Berlin geboren, studierte Museologie in Leipzig und war anschließend im Bertolt-Brecht-Archiv tätig. Seit 1986 schreibt sie als freie Autorin vor allem Features und Hörspiele für den Rundfunk. Ditte Buchmann lebt mit ihrer Tochter in Berlin/Prenzlauer Berg.
Buchveröffentlichung: »Eine Begabung muß man entmutigen«

(1986) sowie Beiträge in Anthologien, u. a. in »Woher kommt die Hoffnung. Gedichte«, herausgegeben von Ellen Pomikalko (1990).

SABINE DEITMER, geboren 1947, studierte Anglistik und Romanistik. Sie lebt seit mehr als zehn Jahren in Dortmund. Der erfolgreiche Einbruch ins kriminelle Gewerbe gelang ihr mit Mordgeschichten, in denen sie männliche Auslaufmodelle ins Jenseits befördert.
Ihre Kriminalgeschichten »Bye-Bye, Bruno« (1988) und »Auch brave Mädchen tun's« (1990) sowie ihre ersten beiden Kriminalromane »Kalte Küsse« (1993) und »Dominante Damen« (1994) mit der Kommissarin Beate Stein erschienen in der Reihe »Die Frau in der Gesellschaft« des Fischer Taschenbuch Verlages.

EVA DEMSKI, geboren in Regensburg, lebt als Schriftstellerin und Publizistin in Frankfurt am Main.
Romane: »Goldkind« (1979), »Karneval« (1981), »Scheintod« (1984), »Hotel Hölle, guten Tag« (1987), »Afra« (1992). Weitere Publikationen: »Unterwegs. Erzählungen, Reportagen, Aufsätze« (1988), »Käferchen & Apfel. Kleine Anleitung zum Lesen und Verschlingen« (1989) und »Eva Demskis Katzenbuch« (1992).
Im Fischer Taschenbuch Verlag ist die Taschenbuchausgabe von »Unterwegs« lieferbar.

DORIS DÖRRIE wurde 1955 in Hannover geboren. Sie studierte von 1973 bis 1975 Theaterwissenschaft und Schauspiel in den USA, von 1975 bis 1978 Studium an der Hochschule für Film und Fernsehen in München. Zwischen 1978 und 1981 drehte sie mehrere Dokumentar- und Kinderfilme für das Bayerische Fernsehen und das ZDF. Ihrem Kinofilm-Debüt 1983 »Mitten ins Herz« folgte 1986 ihr großer Filmerfolg »Männer«. Sie ist verheiratet mit dem Kameramann Helge Weindler und hat eine Tochter.
Zahlreiche Buchveröffentlichungen (Erzählungen): »Liebe, Schmerz und das ganze verdammte Zeug« (1987), »›Was wollen Sie von mir?‹« (1989), »Der Mann meiner Träume« (1991), »Für immer und ewig« (1991) und »Bin ich schön?« (1994).

LOTTEMI DOORMANN wurde 1943 in Berlin geboren und studierte Germanistik, (Kunst-)Geschichte, Theaterwissenschaften und Soziologie in Göttingen, Westberlin und Hamburg. Seit 1970 engagierte sie sich in der Kinderladen-, Schul- und Frauenbewegung und veröffentlichte etliche Bücher zum Thema Emanzipation, Erziehung und Gesellschaft. Einige Jahre Mitherausgeberin einer pädagogischen Zeitschrift. Sie lebt als freie Journalistin und Autorin in Hamburg und ist Mutter von zwei erwachsenen Söhnen.
Buchpublikationen u. a.: »Babys wachsen gemeinsam auf« (1981), »Bewegen, was mich bewegt – Von FrauenFragen, MännerBildern und Utopien« (1983), »Ein Feuer brennt in mir. Die Lebensgeschichte der Olympe de Gouges« (1993). Daneben Erzählungen in Anthologien, Rundfunk-Features und Auslandsreportagen.

ANNA DÜNNEBIER, geboren 1944, studierte in Berlin und London. Sie ist Autorin von Romanen, Hörspielen und Radio-Dokumentationen, Kino-Kurzfilmen und zahlreichen Fernsehfilmen. Anna Dünnebier lebt als freie Schriftstellerin in Köln und ist mit Gert v. Paczensky verheiratet.
In der Reihe »Die Frau in der Gesellschaft« des Fischer Taschenbuch Verlages erschienen ihre beiden Romane »Eva und die Fälscher« (1989; vergriffen) und »Der Quotenmann« (1993) sowie der von ihr herausgegebene Band »Mein Genie. Haßliebe zu Goethe & Co.« (1993).

ROSWITHA FRÖHLICH wurde 1924 in Berlin geboren. Nach einem Kunst- und Germanistikstudium wurde sie Mitarbeiterin des Süddeutschen Rundfunks. Neben Hörspielen und Satiren hat sie seit 1976 zahlreiche Bücher für Kinder, Jugendliche und Erwachsene geschrieben. Sie lebt mit ihrem Mann in Mannheim.

GABRIELE GÖBEL, geboren 1945, lebt mit ihrer Familie in Bonn. Sie begann während ihres Studiums, Hörspiele für verschiedene Rundfunksender zu schreiben, und veröffentlichte seit 1972 zahlreiche Kinder-, Jugend- und auch Erwachsenenbücher, u. a. »Amanda oder Der Hunger nach Verwandlung« (1985). Mehrere Literaturpreise.

Im Wolfgang Krüger Verlag publizierte sie 1993 ihren Renaissance-Roman »Labyrinth der unerhörten Liebe«, der durch ein Stipendium des Kultusministeriums von Nordrhein-Westfalen gefördert wurde.

JUTTA HEINRICH, 1940 in Berlin geboren, Studium der Sozialpädagogik und der Literaturwissenschaft. Seit 1975 freie Schriftstellerin. Neben Romanen schrieb sie Theaterstücke, zuletzt »Männerdämmerung«. Mehrere Stipendien und Auszeichnungen. Die Autorin lebt in Hamburg.
In der Reihe »Die Frau in der Gesellschaft« des Fischer Taschenbuch Verlages erschienen ihre beiden Romane »Mit meinem Mörder Zeit bin ich allein« (1987; vergriffen) und »Das Geschlecht der Gedanken« (1988) sowie »Alles ist Körper. Extreme Texte« (1991) und »Im Revier der Worte. Provokationen, Gegenreden, Zwischenrufe« (1994).

IRMA HILDEBRANDT, 1935 in Hergiswil/Schweiz geboren, studierte in Zürich und Bielefeld Germanistik, Pädagogik und Soziologie. Sie veröffentlichte Sachbücher zur Frauenliteratur, Lyrikbände, Erzählungen, Hörspiele und mehrere Biographien, zuletzt »Zwischen Suppenküche und Salon. 18 Berlinerinnen« (1987), »Bin halt ein zähes Luder. 15 Münchner Frauenporträts« (1990) und »Die Frauenzimmer kommen. 15 Zürcher Porträts« (1994). Mehrere Preise. Irma Hildebrandt ist verheiratet, hat vier Kinder und lebt als Autorin und Redakteurin in Vlotho/Weser.
In der Reihe »Die Frau in der Gesellschaft« des Fischer Taschenbuch Verlages gab sie zusammen mit Eva Zeller den Band »Das Kind, in dem ich stak« (1991) heraus.

SARAH KIRSCH, 1935 in Limlingerode/Harz geboren, studierte in Halle Biologie, dann Literatur am Institut »Johannes R. Becher« in Leipzig. Bis zu ihrer Ausbürgerung aus der DDR 1977 lebte sie in Ostberlin, danach siedelte sie in den Westen der Stadt über. Heute lebt sie als freie Schriftstellerin in Schleswig-Holstein. Sarah Kirsch erhielt zahlreiche namhafte Auszeichnungen, u. a. den »Österreichischen Staatspreis für Literatur«, das »Stipendium der

Villa Massimo«, den »Petrarca-Preis«, 1983 die »Roswitha-von-Gandersheim-Medaille«, 1984 den »Friedrich-Hölderlin-Preis der Stadt Bad Homburg« und 1993 den »Literaturpreis der Konrad-Adenauer-Stiftung«.
Sarah Kirsch hat ein umfangreiches lyrisches Werk vorgelegt. Zuletzt erschienen ihre Bücher »Schneewärme. Gedichte« (1989), »Schwingrasen. Prosa« (1991), »Erlkönigs Tochter. Gedichte« (1992), »Das simple Leben« (1994).

KARIN KIWUS, 1942 in Berlin geboren und aufgewachsen. Studium der Publizistik, Germanistik und Politologie in Berlin. Von 1971 bis 1973 war sie wissenschaftliche Assistentin an der Akademie der Künste in Berlin, danach Verlagslektorin in Frankfurt am Main und Hamburg. 1978 Gastdozentur an der University of Texas in Austin und an der FU Berlin. Heute wissenschaftliche Mitarbeiterin in Berlin.
Veröffentlichung von Gedichten: »Von beiden Seiten der Gegenwart« (1976), »Angenommen später« (1979), »39 Gedichte« (1981), »Zweifelhafter Morgen« (1987) und »Das Chinesische Examen« (1992).

HELGA KÖNIGSDORF wurde 1938 in Gera geboren. 1955 bis 1961 Studium der Physik in Jena und Berlin. Seit 1961 wissenschaftliche Tätigkeit auf dem Gebiet der Mathematik. Promotion. 1974 Berufung zur Professorin an der Akademie der Wissenschaften. Seit 1990 freischaffende Autorin. Sie lebt in Berlin.
Publikationen: »Meine ungehörigen Träume. Geschichten« (1978), »Der Lauf der Dinge. Geschichten« (1982), »Respektloser Umgang« (1986), »Lichtverhältnisse. Geschichten« (1988), »Ungelegener Befund. Erzählung« (1990), »1989 oder Ein Moment Schönheit. Eine Collage aus Briefen, Gedichten, Texten« (1990), »Adieu DDR. Protokolle eines Abschieds« (1991), »Aus dem Dilemma eine Chance machen. Reden und Aufsätze« (1991), »Gleich neben Afrika. Erzählung« (1992), »Im Schatten des Regenbogens. Roman« (1993) und »Die unverzügliche Rettung der Welt. Essays« (1994).

ULRIKE LÄNGLE wurde 1953 geboren, studierte und promovierte in Innsbruck und lebt in Bregenz. Sie ist Leiterin des Franz-Michael-Felder-Archivs (Vorarlberger Literaturarchiv).
Im Fischer Taschenbuch Verlag erschien 1992 ihr erstes Buch »Am Marterpfahl der Irokesen. Liebesgeschichten« und 1994 der Erzählungsband »Der Untergang der ›Romanshorn‹«.

FRIEDERIKE MAYRÖCKER, 1924 in Wien geboren, war Englischlehrerin an Wiener Hauptschulen und lebt als freie Schriftstellerin in Wien. Erste Veröffentlichungen (Gedichte) seit 1946. Seit 1954 Freundschaft und Zusammenarbeit mit Ernst Jandl. Von 1967 bis 1971 vorwiegend Arbeit an Hörspielen, daneben Bücher mit szenischer Prosa. In den siebziger Jahren überwiegend Prosa, in den achtziger Jahren im Wechsel umfangreiche Prosa- und Gedichtbände. Lesereisen in Europa und der Sowjetunion. Zahlreiche Preise und Auszeichnungen, zuletzt »Das österreichische Ehrenzeichen für Wissenschaft und Kunst« 1987, »Erich-Nossack-Preis« 1989, »Friedrich-Hölderlin-Preis der Stadt Bad Homburg« 1993 und »Manuskripte-Preis des Landes Steiermark« 1994.
Neuere Veröffentlichungen: »mein Herz, mein Zimmer, mein Name« (1988), »Gesammelte Prosa 1949–1975« (1989), »Stilleben« (1991), »Das besessene Alter. Gedichte« (1992).

JOHANNA MOOSDORF wurde 1911 in Leipzig geboren. Sie schrieb schon als Kind Erzählungen und Gedichte. 1932 heiratete sie Paul Bernstein, der Jude war und kurz vor Kriegsende in Auschwitz ermordet wurde. Sie konnte mit ihren beiden Kindern in die Tschechoslowakei fliehen. Nach dem Krieg arbeitete sie zunächst in Leipzig als Feuilletonredakteurin der »Leipziger Volkszeitung«, von 1947 bis 1948 als Chefredakteurin der literarischen Zeitschrift »März«. Seit 1950 lebt sie als freie Schriftstellerin in Westberlin. Sie veröffentlichte zahlreiche Romane, Erzählungen und Lyrikbände.
In der Reihe »Die Frau in der Gesellschaft« des Fischer Taschenbuch Verlages liegt eine kleine Werkausgabe der Autorin vor: »Die Freundinnen« (1988), »Jahrhundertträume« (1989), »Fahr

hinaus in das Nachtmeer« (1990), »Die Tochter« (1991), »Die Andermanns« (1992) und »Franziska an Sophie« (1993).

RONNITH NEUMANN, 1948 in Haifa/Israel geboren, kam 1958 mit den Eltern nach Deutschland. Ausbildung zur Fotografin. Seit 1970 beim Norddeutschen Rundfunk in Hamburg, daneben arbeitet sie seit 1985 als freie Schriftstellerin. Zahlreiche Preise und Auszeichnungen. Ronnith Neumann ist verheiratet und lebt in Hamburg, Paderborn und Korfu.
Buchveröffentlichungen in der Reihe »Die Frau in der Gesellschaft« im Fischer Taschenbuch Verlag: »Nirs Stadt« (1991) und »Die Tür« (1992). Daneben zahlreiche Sendungen für den Hörfunk sowie Veröffentlichungen in Anthologien, Zeitungen und Zeitschriften. Ihr Theaterstück »Eingekreist« wurde 1993 am Staatstheater Braunschweig uraufgeführt.

HELGA M. NOVAK wurde 1935 in Berlin-Köpenick geboren. 1954 bis 1957 Studium der Journalistik und Philosophie an der Universität Leipzig. 1961 Heirat nach Island, bis 1965 Arbeiterin in isländischen Fabriken, dann Rückkehr nach Leipzig und Studium am Literaturinstitut »Johannes R. Becher«. 1966 Aberkennung der DDR-Staatsangehörigkeit. Sie lebt heute in Westberlin. Preise und Auszeichnungen, u. a. »Roswitha-von-Gandersheim-Preis« 1989.
Veröffentlichungen u. a.: »Geselliges Beisammensein. Prosa« (1968), »Die Ballade von der kastrierten Puppe« (1975), »Margarete mit dem Schrank. Gedichte« (1978), »Die Eisheiligen« (1979), »Palisaden. Erzählungen 1967–1975« (1980), »Vogel federlos« (1982), »Legende Transsib« (1985), »Märkische Feemorgana. Gedichte« (1989) sowie zahlreiche Hörspiele.

GABRIELE SCHEUERMANN, geboren 1955, schreibt seit ihrem 15. Lebensjahr. Veröffentlichung von Gedichten, Prosa und satirischen Texten in Zeitschriften, Zeitungen und Anthologien. Gelegentliche Lesungen. Sie lebt in der Nähe von Frankfurt am Main, ist verheiratet und hat drei Kinder. Lektoratsmitarbeiterin in einem Frankfurter Verlag.

HELGA SCHUBERT wurde 1940 in Berlin geboren. Nach dem Studium der Psychologie war sie ab 1963 Psychotherapeutin in der ehemaligen DDR. Seit 1977 ist sie freischaffende Schriftstellerin. Helga Schubert lebt in Berlin und in Mecklenburg.
Bisher erschienene Werke: »Anna kann Deutsch« (1986), »Das verbotene Zimmer« (1988), »Judasfrauen« (1990), »Die Andersdenkende« (1994).

PETRINA STEIN, geboren 1937, stammt aus Bayern und lebt heute bei Frankfurt am Main. Sie arbeitet als freie Journalistin und schreibt Feuilletonistisches, unterhaltende und satirische Texte, aber auch Lyrik und Erzählungen.

GERDA SZEPANSKY, geboren 1925, arbeitete als Journalistin, Lehrerin, Schauspielerin in Kabarett und freier Theatergruppe und lebt heute als freie Autorin in Berlin. Sie ist verheiratet und hat vier Kinder.
Im Fischer Taschenbuch Verlag in der Reihe »Die Frau in der Gesellschaft« erschienen ihre Bücher: »Frauen leisten Widerstand: 1933–1945« (1983), »›Blitzmädel‹, ›Heldenmutter‹, ›Kriegerwitwe‹. Frauenleben im Zweiten Weltkrieg« (1986) und »Die stille Emanzipation. Frauen in der DDR« (1994).

KETO VON WABERER, Tochter einer Deutschen und eines bolivianischen Architekten, verbrachte ihre Kindheit in Tirol und lebte lange in Mexiko und den USA. Sie studierte Kunst und Architektur, arbeitete als Architektin, Übersetzerin und Journalistin. Heute lebt sie als freie Schriftstellerin in München.
Auswahl ihrer Publikationen: »Der Mann aus dem See. Erzählungen« (1983), »Heuschreckenhügel. Erzählungen« (1984), »Blaue Wasser für eine Schlacht. Roman« (1987), »Der Schattenfreund. Liebesgeschichten« (1988), »Fischwinter. Erzählungen« (1991), »Böse Menschen« (1993).

ALISSA WALSER, 1961 geboren, Studium der Malerei in New York und Wien, Übersetzungen von Theaterstücken aus dem Englischen. Sie lebt in Frankfurt am Main.

Für ihre Erzählung »Geschenkt«, die den ersten Prosaband »Dies ist nicht meine ganze Geschichte« (1994) von Alissa Walser eröffnet, erhielt sie 1992 den »Ingeborg-Bachmann-Preis«.

RUMJANA ZACHARIEVA wurde 1950 in Balčik (Bulgarien) geboren. Veröffentlichungen in Bulgarien seit 1964. 1970 Übersiedlung in die Bundesrepublik Deutschland. Studium der Slavistik und Anglistik in Bonn. Seit 1975 Veröffentlichungen in deutscher Sprache. Sie lebt in Sankt Augustin bei Bonn und arbeitet als freie Schriftstellerin, Hörspiel- und Featureautorin.
In deutscher Sprache sind ihre Gedichtbände »Geschlossene Kurve« (1978), »Fegefeuer« (1979), »Schwur« (1984), »Am Grund der Zeit« (1993) sowie ihre Romane »Eines Tages jetzt oder Warum verändert Elisabeth Schleifenbaum ihr Leben« (1987) und »7 Kilo Zeit« (1990) erschienen.

DORIT ZINN, 1940 in Dessau geboren. Ausbildung als Medizinisch-Technische Assistentin in Leipzig. 1964 Flucht nach Westberlin, lebte vier Jahre in der Schweiz, seit 1972 in Darmstadt. Sie ist verheiratet und hat zwei erwachsene Söhne. Sie schreibt seit 1979 Satiren, Hörspiele und Kurzgeschichten für Rundfunk, Zeitungen und Anthologien, außerdem erschienen von ihr zwei Jugendromane.
In der Reihe »Die Frau in der Gesellschaft« des Fischer Taschenbuch Verlages erschien ihr Buch »Mein Sohn liebt Männer« (1992).

Quellenverzeichnis

GIOCONDA BELLI
Spielregeln für Männer, die mich lieben wollen
Alles für die Liebe
Wie eine Katze auf dem Rücken
aus: Wenn du mich lieben willst
© Peter Hammer Verlag Wuppertal, 1993

EVA DEMSKI
Reise ohne Grund
aus: Unterwegs
© 1988 by Frankfurter Verlagsanstalt GmbH,
Frankfurt am Main

DORIS DÖRRIE
Das Sofa
aus: Was wollen Sie von mir?
© 1989 Diogenes Verlag AG Zürich

JUTTA HEINRICH
Wie fern ich dich hab. Eine Miniatur
(Auszug aus dem Kapitel: Zeit der Untröstlichkeit)
aus: Mit meinem Mörder Zeit bin ich allein
© Verlag Frauenoffensive, München 1981
Fischer Taschenbuch Verlag GmbH, Frankfurt am Main 1987

SARAH KIRSCH
Bei den weißen Stiefmütterchen
aus: Landaufenthalt
© Langewiesche-Brandt, Ebenhausen bei München 1969 / 1977
Ich wollte meinen König töten
aus: Zaubersprüche
© Langewiesche-Brandt, Ebenhausen bei München 1974
Meine Worte gehorchen mir nicht
aus: Rückenwind
© Langewiesche-Brandt, Ebenhausen bei München 1977

KARIN KIWUS
Im ersten Licht
aus: Von beiden Seiten der Gegenwart

Fragile
En passant
Lösung
aus: Angenommen später

HELGA KÖNIGSDORF
Hochzeitstag in Pizunda
aus: Hochzeitstag in Pizunda

ULRIKE LÄNGLE
In Linz beginnt's oder Die romantische Liebe
aus: Am Marterpfahl der Irokesen

FRIEDERIKE MAYRÖCKER
Mit dem Speer werfen
Manchmal bei irgendwelchen zufälligen Begegnungen
aus: Ausgewählte Gedichte 1944–1978

JOHANNA MOOSDORF
Freundinnen
aus: Sieben Jahr Sieben Tag. Gedichte 1950–1979

HELGA M. NOVAK
Liebe
Das Ende vom Lied
Sommer
Respekt
aus: Grünheide Grünheide. Gedichte 1955–1980

HELGA SCHUBERT
Der Brief
aus: Die Andersdenkende

Helga Häsing und Ingeborg Mues (Hg.)

Vater und ich

Eine Anthologie

Band 11080

Für die kleine Tochter ist der Vater der erste Mann in ihrem Leben, die erste große Liebe, mächtig genug, die Welt in Himmel oder Hölle zu verwandeln. Aus der Perspektive der Töchter erzählen in diesem Buch Schriftstellerinnen von Vätern: liebevoll und nachsichtig, ironisch-distanziert, mit analytischer Schärfe oder traurig und bitter. Geschichten von Vätern, die ihre Töchter zum Leben ermutigten, und Vätern, die sie klein und unsicher machten bis ins Erwachsenenleben hinein. Geschichten von Liebe und Zärtlichkeit, Macht und Abhängigkeit, von Angst und Abwehr, kühler Distanz und unerfüllter Sehnsucht, von Verständnis und Unverstandensein, von schwierigen Emanzipationsversuchen und ungelösten Konflikten. Der Spiegel, der Vätern von Töchtern entgegengehalten wird, wirft oft kein schmeichelhaftes Bild zurück. Ihr Blick dringt tiefer, sie geben sich nicht mit dem frühen Abbild des einst vergötterten Vaters zufrieden. So zeigt der Spiegel nicht selten nur verzagte Helden, blasse Respektspersonen, vom Leben und sich selbst enttäuschte Männer. Und manchmal bleibt er leer.

Fischer Taschenbuch Verlag

fi 710 / 4

Helga Häsing und Ingeborg Mues (Hg.)

Du gehst fort, und ich bleib da

Gedichte und Geschichten von Abschied und Trennung

Band 4722

Sich trennen zu müssen gehört zu den Grunderfahrungen des Menschen, den schmerzlichen und prägenden Momenten in unserem Leben. Trennungen sind notwendig für uns und unumgänglich, bewahren uns davor, stehenzubleiben, zu erstarren, bewirken Veränderungen und geben den Weg frei für neue Entwicklungen. Trennungen wecken aber auch Angst, Angst vor Verlassenheit. Das Wissen um einen bevorstehenden Abschied verändert den Blick, die Gedanken, die Worte. Plötzlich erscheinen die Menschen, die uns begleitet, der Ort, an dem wir gelebt haben, in einem neuen Licht. Das Gewohnte wird brüchig. Fragen drängen sich auf: Haben wir alle Möglichkeiten ausgeschöpft, alles getan, was wir hatten tun wollen? Zorn und Enttäuschung quälen uns, Selbstzweifel und Schuldgefühle. Oft können wir unsere Wut, unseren Schmerz nicht ertragen, wollen die Kränkung vergessen, sprechen nicht mehr über das, was wir verloren haben, und sind unfähig zu trauern. Von Abschied und Trennung erzählen die Texte dieser Anthologie: vom Abschied von der Kindheit, den Eltern, den eigenen Kindern, der Jugend und Lebendigkeit, vom Ende einer Liebe, von der Trennung durch den Tod, dem Abschied von Menschen und Orten, die vertraut waren und Geborgenheit versprachen und Träumen, die nicht zu verwirklichen sind.

Fischer Taschenbuch Verlag

fi 713 / 3

Jutta Heinrich

Alles ist Körper
Extreme Texte
Band 10505

Dreizehn etreme Texte vereint dieser Band. Dreizehn Texte über den Körper als unberechenbarer letzter Bewahrort, in dem sich jede Erfahrung sichtbar niederschlägt. Sie erzählt von verirrtem Schmerz, verdrängter Sehnsucht, von Wunden als Folgen einer Lebenshaltung, die den Geist vergiftet und den Körper zeichnet. Jutta Heinrich erzählt beklemmende Geschichten über uns und unsere alltäglichen Erfahrungen.

Das Geschlecht der Gedanken
Roman
Band 4711

»Vater, Mutter und Kind. Der Vater ist ein Pferd, die Mutter Ameise, das Kind ein Mädchen. Vater und Mutter fügen sich wie Automaten in die qua Geschlecht bestimmte Verteilung von Macht (Pferd) und Ohnmacht (Ameise). Und betreiben so allein mittels ihrer Existenz an der Tochter von allem Anfang an das Geschäft der Abrichtung, die Reproduktion der Verhältnisse, die Enteignung ihrer Psyche und ihres Körpers, die Formierung eines Menschen zur ›Frau‹ ... Getrieben von der wahnwitzigen Hoffnung, in der bewußt inszenierten Zuspitzung des Unerträglichen möge die Erlösung von dem Übel liegen, könnten die Menschen gezwungen werden, ihr anerzogenes Herrschafts- und Unterwerfungsgebaren zu erkennen – und aufzugeben, geht das Mädchen seinen vernichtenden Weg der Auflehnung bis ans Ende...«
(Lottomie Doormann in »Literatur konkret«)

Fischer Taschenbuch Verlag

fi 335 / 3

Janina David
Leben aus zweiter Hand
Roman
Fischer
Die Frau in der Gesellschaft

Maria Frisé
Wie du und ganz anders
Mutter-Tochter-Geschichten
Die Frau in der Gesellschaft
Fischer

Du gehst fort, und ich bleib da
Gedichte und Geschichten von Abschied und Trennung
Herausgegeben von Helga Häsing und Ingeborg Mues
Fischer
Die Frau in der Gesellschaft

Die Frau in der Gesellschaft

Bessie Head
Die Farbe der Macht
Roman. Band 11679

Jutta Heinrich
Alles ist Körper
Extreme Texte
Band 10505
Das Geschlecht der Gedanken
Roman. Band 4711
Im Revier der Worte
Provokationen, Gegenreden, Zwischenrufe
Band 12308

Maria Regina Kaiser
Xanthippe Schöne Braut des Sokrates
Roman. Band 11737

Martina Kreßner
Lebenssplitter
Roman. Band 11881

Rosamond Lehmann
Aufforderung zum Tanz
Roman. Band 3773
Der begrabene Tag
Roman. Band 3767
Dunkle Antwort
Roman. Band 3771
Der Schwan am Abend
Fragmente eines Lebens
Band 3772
Wie Wind in den Straßen
Roman
Band 10042

M. Lohner (Hg.)
Was willst du, du lebst
Trauer und Selbstfindung in Texten von Marie Luise Kaschnitz
Band 10728

Audre Lorde
Zami
Ein Leben unter Frauen. Band 11022

Monika Maron
Flugasche
Roman. Band 3784

Johanna Moosdorf
Die Andermanns
Roman. Band 11191
Die Freundinnen
Roman. Band 4712
Jahrhundertträume
Roman. Band 4739
Fahr hinaus in das Nachtmeer
Gedichte. Bd. 10217
Die Tochter
Geschichten aus vier Jahrzehnten
Band 10506
Franziska an Sophie
Erzählung
Band 11861

Fischer Taschenbuch Verlag

fi 20 / 28 b

Die Frau in der Gesellschaft

Karin Nedela
Herzkönigin im Wunderland
Erzählung
Band 11991

Ronnith Neumann
Nirs Stadt
Erzählung
Band 10574
Die Tür
Erzählungen
Band 11055

Maria Nurowska
Briefe der Liebe
Roman
Band 12500
Postscriptum für Anna und Miriam
Roman
Band 10309

Carme Riera
Im Spiel der Spiegel
Roman
Band 12008

Carme Riera
Selbstsüchtige Liebe. Novelle
Band 11096

Karin Rüttimann
Schwalbensommer
Roman. Band 4749
Warten auf L.
Sylter Winterballade
Band 10885

Verena Stefan
Es ist reich gewesen
Bericht vom Sterben meiner Mutter
Band 11678
Häutungen
Band 11837

Marlene Stenten
Albina
Monotonie um eine Weggegangene
Band 10994
Puppe Else
Band 3752

Jutta Szostak/
Suleman Taufiq
Der wahre Schleier ist das Schweigen
Arabische Autorinnen melden sich zu Wort
Band 12422

M. Tantzscher (Hg.)
Die süße Frau
Erzählungen aus der Sowjetunion
Band 3779

Miriam Tlali
Soweto Stories
Band 10558

Johanna Walser
Die Unterwerfung
Erzählung
Band 11448

Charlotte Wolff
Flickwerk
Roman
Band 4705

Fischer Taschenbuch Verlag

fi 20 / 16 c